健美操运动理论与实践研究

陈冰心　著

吉林出版集团股份有限公司｜全国百佳图书出版单位

图书在版编目(CIP)数据

健美操运动理论与实践研究 / 陈冰心著. — 长春:
吉林出版集团股份有限公司,2023.6

ISBN 978-7-5731-3634-3

Ⅰ. ①健… Ⅱ. ①陈… Ⅲ. ①健美操—研究 Ⅳ.
①G831.3

中国国家版本馆 CIP 数据核字(2023)第 141611 号

健美操运动理论与实践研究

JIANMEICAO YUNDONG LILUN YU SHIJIAN YANJIU

著　者:陈冰心
出 版 人:吴　强
责任编辑:蔡宏浩
开　本:787mm×1092mm　1/16
字　数:160 千字
印　张:9
版　次:2023 年 6 月第 1 次
印　次:2023 年 9 月第 1 版印刷

出　版:吉林出版集团股份有限公司
发　行:吉林音像出版社有限责任公司
地　址:吉林省长春市南关区福祉大路 5788 号
电　话:0431－81629679
印　刷:吉林省信诚印刷有限公司

ISBN 978-7-5731-3634-3　　　　　定　价:50.00 元

前　　言

社会经济的快速发展带给人们物质生活水平的提高和生活条件的改善,人们越来越重视自身身体素质的提高,健美操运动在提高身体素质、精神气质培养、促进社会和谐的发展、科学实践全民健身工程等方面发挥着积极的作用。此外,健美操运动没有年龄的限制,不同年龄段的练习者都会找到适合自身生理特点的动作和练习方法,因此,健美操运动很快受到很多人的喜欢。

本书共分为七章。第一章简单介绍了健美操的起源与发展、健美操运动的特点,并对健美操的分类进行详细的研究,对后文不同类型健美操训练方法的研究做了铺垫。第二章主要探讨了健美操教学与实践,其中包括教学目标、内容、组织实施、特点等内容。第三章主要对健美操运动训练的相关注意事项进行分析,包括训练前的准备、训练计划的制订、营养补充、运动损伤处理等内容。第四章对健美操的创编与音乐进行研究,包括健美操创编的要素与依据,音乐的选取等。第五章对竞技健美操运动技能分析与教学指导进行研究,包括竞技健美操的运动训练方法、实践教学、队伍管理等。第六章分析了健美操社会体育指导员职业培养,包括健美操课程安排,指导员管理等。第七章对健美操锻炼效果的检查与评定进行研究,包括评定的原则、内容、意义、监督体系等内容。本书准确把握健美操运动的实践规律,同时期望为健美操运动实践提供指导和帮助。

在撰写本书的过程中,作者针对出现的问题查阅了大量的资料,请教了相关的学者,以期本书能够对健美操运动贡献自己的力量。但是由于作者水平有限,书中可能还存在很多不足之处,还望广大读者批评指正。

作　者

2023 年 3 月

目　　录

第一章　健美操概述

第一节　健美操的起源与发展

一、健美操的起源及其现状

现代健美操运动起源于 20 世纪 70 年代末 80 年代初，意为有氧运动，但它的历史可追溯到 2000 多年前。早在 2400 多年前，古希腊雕刻家米隆就塑造了一个显示男子健与美的典型——"掷铁饼者"，这是古希腊人崇尚人体美的历史见证。19 世纪末 20 世纪初，欧洲出现了诸多体操流派，它们的理论和实践各具特色，对后来健美操的发展有一定的作用和影响。据传，在我国尧舜时代，"阴康氏"为了治疗腿肿病，创造了"消肿舞"，而汉代流行的"公莫舞"则起源于脍炙人口的"鸿门宴"项庄舞剑的故事，此外还有宋代的"八段锦"、明代的"易筋经"等均为我国早期的健身操。在长沙马王堆出土的西汉时期的帛画——《导引图》上，画着 40 多个栩栩如生的人物姿势图，既包括站立、跪、坐等基本姿势，又有屈伸、转体、弓步、跨跳等动作，它们与当今的一些健美操动作十分相似。此外，从印度的瑜伽功以及 20 世纪 20 年代流行于欧洲和我国的柔软体操中，都能看到传统健美操的影子。

健美操作为一项独立的运动项目，兴起的时间是 20 世纪 80 年代初。1981 年，以美国明星简·方达个人的健身经验和体会为内容编辑出版的《简·方达健美术》一书和录像带引起轰动，它们同时被翻译成 20 多种文字，在世界范围内出售并一直畅销不衰，这对健美操在全世界的流行和发展起到了积极的、巨大的推动作用。简·方达从"节食""药物"等减肥法的失败中吸取教训，走上了以体育锻炼，特别是用健美操来保持形体美的道路。她是现代健美操的创始人，也是 80 年代风靡世界的健美操的杰出代表，她的健身思想影响了人们的体育行为和健美操的发展方向。

如今，健美操不仅在欧洲等发达国家蓬勃发展，而且在一些发展中国家和地区得到不同程度的开展，各种健身中心、健美操俱乐部、健美操培训班如雨后春笋般到处涌现，很多人以健美操作为自己的主要健身方式，从而形成了世界范围的"健美操热"。

20 世纪 80 年代初，健美操热传到了我国。中国健美操的发展受简·方达健身思想的影响较大，并随着时间的推移形成了各种流派。北京、上海、广州等地率先举办了各种健美操训练班，各高校的很多教师陆续参加了培训，并在全国范围内很快培养了一批健美操骨干。新闻媒体开始介绍有关健美操的情况以及国外不同类型的健美操，由此推动了健美操运动在我国的广泛开展。

二、健美操的发展趋向

随着我国改革开放的深入和现代科学技术的飞速发展，人们的思想观念有了很大的转变，越来越多的人开始注重精神上更高层次的追求。健康体育、快乐体育、娱乐体育逐渐渗透到人们的生活当中，体现了现代人对自我完善、个性发展和身心舒畅的共同追求。健美操携带着生活的芬芳，以健康、美丽和全新的风采成为大众业余生活的内容之一，并逐步影响着人们的精神风貌。

（一）《全民健身计划纲要》给健美操的发展带来机遇

1995 年 6 月，经国务院批准颁布和实施的《全民健身计划纲要》（以下简称《纲要》），是与国家社会主义现代化总体目标纲要相配套的一项重要战略措施。它从面向 21 世纪，提高全民族素质的战略高度出发，对今后若十年直到 2010 年我国全民健身的目标、任务和措施提出了明确的要求。《纲要》以全国人民为实施对象，以青少年和儿童为重点，以普遍增强人民体质为目标，为进一步加强学校体育工作提供了极好的机遇。

（二）学校素质教育为健美操运动开辟了广阔的发展空间

随着我国教育制度改革的不断深入，美育逐步在学校体育中占有一席之地，而健美操的引进和兴起为我国美育提供了一个重要手段。由于健美操的流行，各高校的体育教学大纲都不同程度地加大了健美操教学的比例，教学内容不断丰富，健美操选项课、选修课以及丰富多彩的课外活动场所，如健美操俱乐部、健美操活动中心等，改善和活跃了校园文化娱乐生活。同时，各种规模的比赛、表演也应运而生，在蓬勃发展的中国大学生篮球联赛（CUBA）上，健美操表演已成为除篮球比赛以外的第二个亮点。

（三）健美操创新与前景展望

现代健美操的生命力在于新颖绝妙的成套动作的创新与编排。通过对众多单个动作进行合理的布局、独特的连接、巧妙的变化，加上难新技艺的穿插、路线队形富有新意的变化、动作与音乐的完美结合等，健美操已成为一种具有高度艺术感染力的"美"的艺术展现在世人面前。

健美操创新的内容很多，包括难度、方向、空间、操化动作（上、下肢动作配合等）、成套动作线路（弧线、直线、曲线的搭配等）、音乐（特殊创意、特殊制作、特殊动效等）、队形变化、动作与动作之间的衔接、参与者之间的配合等。

知识经济时代，人们生产方式和生活方式的改变，促进了健美操运动的发展。可以肯定地说，健美操运动对繁荣体育文化市场有很大助益，并在诸多体育运动项目的市场竞争中有着良好的前景。

第二节　健美操的概念与分类

一、健美操的概念

健美操是在音乐伴奏下运用各种不同类型的操化动作，融体操、舞蹈、音乐为一体的身体练习，既是健身美体、陶冶情操的大众健身方式，又是竞技运动的一个项目。

健美操源远流长，它起源于生活及人们对人体健美的追求，是体操、舞蹈、音乐逐步发展和结合的产物。

健美操不仅在美、英、法等国家迅速发展，在苏联和其他东欧国家也相当普及，苏联早已把健美操列入大、中、小学的体育教学大纲。在亚洲地区，日本、菲律宾、新加坡等国家也建有许多健美操活动中心及健身俱乐部。

1984年北京体育学院（现北京体育大学）成立了健美操研究室，接着，上海体育学院成立了健美操教研室，率先开设了健美操课程。一些大专院校也根据国家教委对高校体育教学的要求，逐步开设了健美操普修或选修课。目前，健美操已成为我国各级各类体育课或课外活动中一项深受师生欢迎的教学内容和锻炼方式。

继1986年4月在广州举行的我国首次"全国女子健美操邀请赛"后，1987年5月在北京举办了我国首届正式的竞技健美操比赛——"长城杯"健美操邀请赛，以后每年举行一次，到1994年为止共举办了8次。

1991年10月在北京举行了全国大学生健美操、艺术体操大奖赛。1993年2月、1993年8月和1994年8月分别在北京、南京、上海举行了第二至第四届全国大学生健美操、艺术体操锦标赛，并且使用了由中国大学生体育协会健美操、艺术体操协会编制，经国家教委审批，适合我国大学生健美操运动开展的1993年版的《大学生健美操比赛规则》。为了有组织、有计划地推动全国大学生健美操运动的发展，1992年2月在北京成立了中国大学生体育协会健美操、艺术体操协会。1992 年 9 月，中国健美操协会在北京正式成立，标志着我国健美操运动进入一个崭新的发展阶段。

二、健美操的分类

根据健美操的目的、任务，可以将其分为健身健美操和竞技健美操两大类。

（一）健身健美操

健身健美操以健身为目的，旨在全面活动身体、发展身体，其强度和难度相对较低，适合社会不同年龄层次的人。健身健美操还可根据不同的需要，从不同的角度继续分类和命名，如按人体解剖结构可分为头颈肩部健美操、手臂部健美操、胸部健美操、髋部健美操、腰腹部健美操等。这些健美操对人体某些部位进行有针对性的锻炼。按目的任务可分为姿态形体健美操、医疗保健（康复）健美操等；按练习形式可分为徒手健美操、轻器械健美操、专门器械健美操——轻器械健美操包括实心球、体操棍、哑铃、铁环、沙锤、皮筋健美操等；按不同年龄层次可分为老年、中年、青年、少儿、幼儿、婴儿健美操；按性别可分为男子健美操和女子健美操；按人名、动作特色可分为简·方达健美操、瑜伽健美操、迪斯科健美操、武术健美操等。

（二）竞技健美操

竞技健美操以竞技为目的，有特定的比赛规则和评分方法，选手须完成一些特定的动作和满足特定的要求，对人的身体素质、技术技能和艺术表现能力有较高要求。

竞技健美操可分为男子单人健美操、女子单人健美操、混合双人健美操、三人健美操、混合六人健美操。

第三节　健美操的特点与锻炼价值

一、健美操的特点

健美操与其他体育锻炼方式相比较，有以下三个主要特点：

（一）健身美体实效性

健美操是根据人体解剖学、运动生理学、体育美学等多学科理论，为使人体健康健美地发展而编排的，因此，它的动作内容丰富。成套健美操一般都包括各个部位的运动，与基本体操相比，健美操对人体各关节灵活性的锻炼更加突出。例如，北京体育大学健美操研究室创编的第六套健美操，对全身关节的作用次数达上千次。形式多样，美观大方，健美操不但选用了徒手体操中的基本动作进行艺术加工，而且吸收舞蹈、武术等艺术性强的动作加以改编操化，每个动作都有其针对性，每一套操都有一定的运动负荷，对人的身体影响较为全面，因此，参加这项运动锻炼可收到健身美体的实效。

（二）鲜明的节奏感和韵律感

健美操必须在音乐伴奏下进行练习，音乐是健美操的灵魂。与艺术体操相比，健美操更强调动作的力度。因此，它的音乐节奏趋于鲜明强劲，风格更趋热烈奔放。健美操音乐多取材于迪斯科、爵士、摇滚等现代音乐和具有上述音乐特点的民族乐曲，使健美操体现出一种鲜明的现代韵律感。此外，节奏鲜明清晰，易于练习者随乐起舞。这种富有节奏、韵律的身体练习，能激发练习者的情绪，使之不觉疲劳，产生一种轻松愉快的感觉，使其既得到美的享受，又提高了协调性、节奏感、韵律感和表现力。

（三）广泛的群众性

健美操是时代的产物，它给人们带来热情奔放的情感体验，符合现代人的追求健美、自娱自乐的需要，因此，深受广大群众的喜爱。同时由于健美操（尤其是健身健美操）的运动负荷和难度可以由练习者自行选择，不同年龄、性别、体形、素质、个性、气质的练习者都可酌情择项参加锻炼，并通过训练增强体质，因而为男女老幼所接受。此外，健美操对场地、器材条件要求不高，练习起来简单、方便、安全，适合不同地区、不同条件的单位和部门开展，具有广泛的群众性。

二、健美操的锻炼价值

（一）增强体质功能

1. 增强运动系统的功能

经常进行健美操锻炼可以提高关节的灵活性，使肌肉的力量加强、体积增大、弹性提高，使韧带、肌腱等结缔组织富有弹性。对青少年来说，由于做健美操对肌肉、骨骼、关节、韧带均有良好的刺激，持之以恒可促进骺软骨的生长，有助于青少年身体增高，使骨质更为致密、结实。

2. 促进心血管系统机能的提高

长期参加健美操锻炼，可以使心肌纤维增粗、心肌收缩力增强、心排血量增加，提高大脑的思维能力；同时，通过循环系统向全身细胞提供氧和养料可改善新陈代谢，减少脂肪沉积，延缓血管硬化，有利于健康。

3. 提高呼吸系统机能水平

人体在健美操运动时，肺通气量成倍增长，肺泡的张开率提高，从而增大了肺部的容积和吸氧量。经常参加健美操锻炼会使呼吸肌变得有力，安静时呼吸加深、次数减少，运动时吸氧量大，从而使肌体具有较强的有氧代谢能力。

4. 改善消化系统的机能

由于健美操的髋部活动较多，不但腰腹肌和骨盆肌得到了锻炼，而且加强了胃肠蠕动，增强了消化机能，有助于营养的吸收和利用。

（二）塑造健美形体，培养端庄体态

健美操是动态的健美锻炼，动作频率较快，跳跃动作较多，讲究力度，运动负荷较大，因而消耗身体能量较大，利于消除体内多余脂肪，在减少多余脂肪的同时发展某些部位的肌肉，使人的形体得以按健美的标准塑造。此外，通过加强形体动作训练，能培养正确端庄的身体姿态，使锻炼者的体形和举止风度都发生良好的变化。

（三）发展整体身体素质，提高艺术修养

健美操是一项要求力度和幅度的身体训练，经常参加该项运动可以使肌肉的力量得到增强，肌腱、韧带、肌肉的弹性得以提高，从而发展人体的力量和柔韧素质。健身健美操持续时间较长（特别是有氧系列健身操长达一小时），竞技健美操强度大，因此，要求练习者具有克服疲劳的意志力和较好的耐力素质。健美操的练习是在强劲的音乐伴奏下进行的，往往令人忘却疲劳，在不知不觉中提高身体的耐力水平。同时，健美操是由类型、方向、路线、幅度、力度、速度等不同的要素组成的，学习健美操可以提高人的动作记忆和再现能力，提高神经系统的灵活性、均衡性，从而发展人的协调能力。

此外，健美操是具有艺术性的项目，长期从事该项运动可以增强人的韵律感、节奏感，提高音乐素养，从而提高认识美、鉴赏美、表现美直至创造美的能力。

（四）焕发精神面貌，陶冶高雅情操

健美操是在音乐伴奏下进行的身体练习；音乐给健美操带来了生机，健美的动作充满青春活力。人们在欢乐的气氛中进行锻炼，心情愉快，不易疲劳，还可以排除精神紧张。在这种使人的心灵和情操得到净化和陶冶，身心得到全面协调和发展的健美的娱乐消遣活动中，人的精神面貌和气质修养都会有所改善和提高，特别是集体配合练习还有助于增进友谊，增强群体意识。

第二章 健美操教学与实践

体育教学中，健美操的教学占有重要的地位，健美操教学指的是教师遵从科学的指导，并在学生的主动参与中，让学生掌握较为系统的健美操知识、技术与技能，使学生的身体更加健康，身体素质得到提高，并且综合素质与能力都能随之提高的一种教育过程。在这样的教育过程里，学生的身体与心理健康都得到促进，并且审美意识得到锻炼，对于学生良好思想品德的培养也有极大的促进作用。在进行健美操教学时，一定要依据教学规律与教学原则，并结合健美操教学自身的特点用最适合的教学方法与教学手段。

第一节 健美操的教学内容与目标

一、健美操的教学内容

健美操教学任务主要是通过健美操教学的内容来实现的，教师与学生在进行健美操教学活动时，也主要是依据该内容进行的。其所指的是对健美操的基本知识与各式的身体练习进行选择与使用，以使健美操的教学目标得以实现，这些内容在各级各类学校的健美操教学大纲与各式教材中都有所体现。

（一）健美操教学大纲

依据学校教学计划里对于健美操的目标、要求与时数，关于学科内容的范围、深度与先后顺序的具有指导意义的文件称作健美操教学大纲。教师进行教学、学校进行教材选编时主要依据的便是教学大纲，因此，其对于教师进行教学有直接的指导意义。

1. 制定大纲时需要遵循的基本原则

（1）教学大纲应与课程计划要求相符，并能够体现学科的培养目标

在制定健美操教学大纲的时候，应对学科在学校的整个课程计划中的地位以及任务进行考虑，并且充分考虑到学科对于人才培养目标实现的作用、学习本学科之后能够达到的目的等。

（2）教学大纲应具有科学性

教学大纲的科学性，主要表现在教学内容的层次与系统应该适应学生的身心发展规律、身体素质与运动能力等。

（3）教学大纲应遵循理论联系实际的原则

因为健美操教学大纲一定要重视其实践运用性，所以对于实践教学中的一些相应环节应当提出具体要求。

（4）教学大纲应结合统一性与灵活性

教学大纲在满足统一性的同时，也可以适当地对内容进行增添。举例来说，健美操教学大纲要求在 32 个学时中对两套健美操进行学习。所提出的基本要求有：讲解清楚每一个 8 拍，动作具有规范性，学生学习后可以自己独立完成动作，并具有一定的熟练性。在满足这些要求的基础之上，还可以增添一些其他要求，例如，对成套动作运动负荷的变化规律有所了解。

（5）改革精神应当在教学大纲中有所体现

主要表现在教学大纲应有利于对学生学习的积极性、主动性、创造性及求知精神的培养。

2. 大纲的主要组成部分

大纲的组成部分主要有课程的性质、课程的教育目标、课程的教育内容与基本要求，以及学时的分配、考核的安排、大纲说明等。以下进行详细说明。

（1）课程的性质

课程性质主要说明的是授课的对象与性质、时数与学分，等等。

（2）课程的教育目标

课程教育目标主要说明的是在对课程进行学习之后，学生所能够达到的目标要求。

（3）课程的教育内容与基本要求

大纲主体部分就是课程内容及基本要求，这一部分对学科的内容做出规定，并且以章节、题目与条目的形式，同时还对应该让学生掌握的知识、技术、技能与能力以及培养的品质提出了要求，对作业进行了一些规定。

（4）学时的分配

学时分配规定的是各个教学内容所占整体健美操教学的学时总数与学时分配数。

（5）考核的安排

这一部分的内容主要是对考核提出要求，并提供依据，规定考核的内容、比例、方式与要求。

（6）大纲说明

主要内容为向教师执行大纲内容进行教学的过程提出具体要求。

（二）健美操教材

对健美操教学大纲进行系统化与具体化的扩展便成了健美操教材。健美操教材是对于健美操学科的基础知识、基本技能与方法进行的反映。学生在学习生活中所直接面对的便是健美操教材，从教材中，学生能够获得知识，并认识世界。教师在进行备课、上课等一系列教学实践时，所主要依据的也是教材。教学目标得以完成的基本条件之一便是教材。

1. 教材选编原则

（1）结合科学性与教育思想

在对健美操教材进行选编时，应该保证知识的正确性与科学性，并且其中蕴含着教育思想。与此同时，教材的内容应与健美操教学特点相符，并与学生的身心发展规律相符。

（2）结合知识的传授与能力的培养

在对健美操教材进行选编时，既需要对健美操的基本概念与原理、身体练习的内容进行选择，同时也要使教材内容对培养学生的学习能力与实际应用能力有促进作用。

（3）结合理论与实践

在选编健美操教材时，应注意结合理论与实践，不仅应有理论知识，同时也应有实践的内容，使学生通过实践加深对理论的理解，并能够将理论知识在实践中加以运用。

（4）结合前沿性与稳定性

具有稳定性的部分应是占比非常大的基本知识、基本原理及基本技术等内容；而具有前沿性应体现在健美操运动在近年来的快速发展，产生了许多新的研究成果，教材应适当进行吸收，使得健美操教学不与时代脱节。

（5）具有实用性与针对性

对于各级各类学校不同的健美操教学大纲，在选编教材时应有一定的针对性，同时又不能脱离学生的实际。

2. 现在经常使用的健美操教材

（1）健美操教科书

教师与学生能够一同使用，主要包括体育院校的健美操专用书、普通高校的健美操专用书与中职院校的健美操专用书等。

（2）健美操参考材料

主要有大众健美操等级动作、图解、视频；健美操竞技等级动作、图解、视频等，是为了更加深入地对健美操知识进行理解与学习所使用的参考书与相关参考材料。

二、健美操的教学目标

（一）对知识与技术进行掌握并发展技能

教师对学生进行有计划并循序渐进地传授健美操的相关知识、技术和技能，使学生能够对这些知识与技术、技能进行深入领会并能系统运用的过程便是健美操的教学过程。在现代社会科技迅猛发展的大背景下，知识更新速度不断提高，学科之间的交叉与渗透也愈演愈烈，因此，现代体育教学对于学生的学习也有了进一步的要求。就健美操的教学而言，在要求学生对健美操的基本知识、技术与技能进行掌握的同时，还要求教师能够将和健美操有关系的知识在教学中进行运用，让学生能够自己去发现与创造，并且付诸实践。

（二）身体素质的全面发展

学生在体育运动的过程中，身体各器官、系统所表现出来的各类技能便是身体素质，如速度、力量、耐力、协调性与柔韧性等。一切运动能力都是以身体素质为基础的，在进行健美操运动时，一定要体现出力量与速度，使得健美操的动作有一定幅度，并且可以使健美操动作更加协调。与此同时，在练习的过程中，即使感到暂时性的身体疲劳，也应该坚持做完。所以，健美操教学的一个重要目标便是身体素质的全面发展。

（三）塑造体形与姿态

身体发育及美育都要求体形健美，姿态端正。肌体功能的完善在某种程度上可以在完美的体形中得以体现；而端正的姿势更能够在活动过程中展现形态美，是个人生命力的外部特征表现，也是一种美的表现。

然而，体形的塑造并不是对一些人体美的标准与规范的刻意模仿，失去了自身体形的特点，而是基于个人身体素质的全面发展，自然地去塑造体形。

（四）提升审美层次

培养学生科学的审美观念、较强的美感与对美进行创造的能力的过程便是审美教育的过程。在健美操教育中，美育有着十分广阔的空间。所以，应对这样的有利条件进行充分利用，使学生树立正确的审美观，并具备健康的审美情趣与较强的审美能力。通过进行审美教育，在提升学生审美修养，使学生的身体与心理共同发展的同时，也可以对学生的健美操学习起到促进作用。

（五）更加提高学生的能力素质

素质的一个重要构成方面是能力。能力是无形的，却能使人不断发展。在现代学校的体育教学中，早就不再是对体育知识、技术与技能的单纯灌输，而将培养学生能力放在了首要位置，并将之作为一个重要的目标。健美操教学同样如此，将理论知识、技术、技能结合在学生能力的培养中，让学生能够在学习、锻炼与竞争中使自身的潜能得到充分发挥，并使学生产生对健美操的学习兴趣，使之能自觉投入学习中。

在健美操教学中，应对下列能力进行着重培养。

一是获取和运用健美操知识的能力。

二是进行健美操教学和完成训练的能力。

三是进行健美操创新与创编健美操的能力。

四是对健美操锻炼进行计划制订的能力。

五是对健美操竞赛进行组织和管理的能力。

六是对健美操进行科研的能力。

七是进行自我评价与评价他人的能力。

八是对健美操教学文件进行制定的能力。

第二节　健美操的教学组织与实施

一、健美操教学的课程类型

（一）学校健美操课

以内容和性质作为划分依据，能够将学校健美操课划分成健美操理论课和健美操实践课，具体如下。

1. 理论课

健美操理论课往往是借助讲授、课堂讨论、电化教学等多种手段，来推动学生深入掌握健美操的基础知识、原理、方法、竞赛组织、裁判等很多方面的系统理论。制定健美操教学的教学内容能够将各个院校的教学计划和教学大纲作为依据。健美操理论课的内容如下。

（1）健美操概述，即健美操的定义、分类、特征、意义、功能、发展概况。

（2）健美操术语，即术语的概念、内容、构成和记写方法、运用及运用时应注意的问题。

（3）健美操基本动作，即基本动作概念、基本动作特点与作用、基本动作的主要内容。

（4）健美操动作绘图技法，即绘图的意义和作用、绘图的种类和学习表现形式、单线条图的绘画方法、动作的完整记写方法。

（5）音乐知识及欣赏，即音乐知识简述、音乐的基本表现手段、常用的音乐种类、音乐的选择与剪接、音乐欣赏。

（6）健美操教学法，即教学的任务、特点，常用的教学方法、手段及运用。

（7）健美操训练法，即训练原则、训练内容、训练方法、训练过程、训练安排及注意事项。

（8）健美操的科学理论基础，即生理学基础、心理学基础、美学基础。

（9）健美操的创编，即创编健美操的因素、目的，健身健美操的创编、竞技健美操的创编、表演性健美操的创编。

（10）健美操的裁判方法，即裁判总则、评分内容、标准与方法、裁判员的组成与职责。

（11）健美操竞赛的组织，即竞赛的意义及特点、竞赛的种类及内容、竞赛的组织、比赛的进行。

（12）健美操运动的科学研究方法，即科学研究的基本方法、科学研究的程序、科研论文的写作方法。

（13）健美操教学课，即健美操课的类型、结构、准备、组织及注意事项。

2. 实践课

具体来说，健美操实践课就是借助身体练习，来促使学生掌握健美操动作的具体方法和要点；促使学生掌握正确的身体姿态，帮助学生塑造健美形体；大幅度提高学生的身体素质等。在实践课中，不仅有观察理论知识的讲解，也会有机结合理论和实践两方面的内容，促使学生迅速掌握健美操运动的动作技术和技能，教师在培养学生综合能力时应保证方法的多元化。结合健美操课需要解决的实际任务不同能够把健美操课划分成引导课、新授课、综合课、复习课以及考核课，具体如下：

（1）引导课

通常情况下，引导课就是第一堂课，最主要的任务是讲授健美操的特征、锻炼价值、相关的基础知识，健美操的教学任务、教学内容、教学要求、考核标准、相关规章制度等。除此之外，教师也能适度安排部分健美操练习内容。

第一，引导课中教师对讲授的不同内容应预先进行归纳，讲解时注意层次清楚、突出重点，使学生对健美操项目形成正确的、完整的认识，明确学习目的和学习要求，端正学习态度，这样学生才能积极投入到健美操学习中去。

第二，引导课的讲课形式要多种多样，最好能结合电视、录像等进行直观教学，提高学生的学习兴趣。

（2）新授课

以学习新教材为主要任务的课就是新授课。新授课的重要任务是让学生学习和大体掌握健美操的新授内容。在新授课教学过程中，需要注意的内容包括以下几个方面。

第一，健美操教师应当严格遵循教学规律，高质量地运用讲解、示范以及练习过程中不同的教法措施等，推动学生正确感知动作，构建出准确的肌肉感觉，从而产生准确概念。

第二，对于多关节、多部位的复合性动作，通常采用分解法和带领法，使学生更加清楚地了解和掌握身体部位、动作方向、动作路线、身体姿势等变化。

第三，教授新动作后，应反复练习，使学生承受一定的负荷，但负荷量不宜过大，应侧重于动作技能的掌握。

第四，教授新动作时，一般先采用口令节拍指挥练习，由慢速到正常速度，待动作基本掌握后，再配合音乐练习。

第五，教师应对新授动作可能出现的错误制定预防措施，一旦出现错误，要有针对性地予以纠正。

（3）综合课

综合课，即不但要复习已经学过的内容，而且要学习新内容的课程。综合课属于健美操教学中比较常见的一种形式。教师在综合课教学过程中需要注意以下几点。

第一，教师应当对新旧教材的教学顺序做出科学安排。通常情况下，建议教师先复习旧教材，再学习新教材。

第二，教师在复习已经学过的内容时，应当采取提问、讨论、默想默练等方式，从而引导学生回忆和复习上次课学习的内容，具体包括完成动作的方法、动作的具体规格、技术要点、动作间的连接等，同时让教师全面了解学生对上次课学习内容的掌握程度，对接下来的健美操教学做好充足准备。

第三，教师在复习已经学过的内容时，应当有效强化动作的技术要点以及相关规格，针对复习过程中产生的动作方向错误、路线错误、姿势错误等，教师应当借助慢动作领做或固定姿势等手段来有效纠正。

第四，根据新旧内容的教学任务、特点和难易程度，合理分配教学时间、确定运动负荷。一般新授内容的时间多于复习时间，复习时的运动负荷大于学习时的运动负荷。

（4）复习课

复习课指以复习为主的课，主要任务是在教师的安排和指导下，复习并逐步提高动作的规格和质量。在复习课教学时应注意以下几点：

第一，教师应根据新授课学生掌握动作的情况提出复习课的目标要求，采取相应措施，达到要求。

第二，在集体指导的基础上加强区别对待。在进行练习时，对于基础差的学生要加强指导，帮助他们改进动作，树立信心；对基础好的学生要注意适当提高要求。

第三，可采用分组教学的形式进行练习，可分组轮换也可以"一助一"地进行练习，这样易调动学生的练习积极性，提高学生分析动作和纠正错误的能力，同时还有利于教师实施个别指导，检查学生掌握动作的情况。

第四，复习课上要注意精讲多练，增大练习的密度，以强化动作的熟练程度，提高动作规格和提高肌体的有氧代谢功能。

第五，在课中可采用一个同学或一组同学进行表演，相互观摩、评比的方式，以激发学生的练习积极性，进一步提高和改进动作技能。

（5）考核课

考核课就是以检查学生成绩作为重要内容的课，关键任务是对学生健美操学习情况以及教学成果进行检验。在考核过程中，需要注意以下几点。

第一，教师有责任让学生对考核目的、考核时的具体要求、评分标准有明确认识。

第二，在考核开始之前，教师应当要求学生复习考核内容，同时做好各种准备活动，进而促使学生将自身水平发挥得淋漓尽致。

第三，为保证考核的准确程度，同时有效提升考核效率，建议一个教师考核两个学生。

（二）健身房健美操课

一般来说，健身房健美操课会依照学院的实际能力与水平来划分。

1. 初级课

初级课更加适合初学者，其主要锻炼内容分别是基本动作与基本技术，动作相对简单，重复次数较多、速度较慢，学生不需要具备很好的身体协调性，同时主要是低冲击力动作。

在初级课教学时，需要注意的内容如下：

（1）要让学员了解每个动作的名称及指导员提示的方式。

（2）指导员的示范要准确，每个示范环节都应使学员清楚地看到。

（3）指导员应教给学员有关健身与健康、运动与安全、饮食与营养等方面的知识。

（4）设计的动作应以基本动作为主，一个动作组合（32拍组成）最多不超过四个动作。

（5）可适当加入前、后、左、右的移动路线和90°的方向变化。

（6）音乐的速度以130～140拍/分钟为宜。

（7）教学方法多采用线性渐进法、金字塔法和递加循环法等。

2. 中级课

中级课往往适用于锻炼基础和技术基础比较扎实的学员。具体来说，中级课就是在初级课锻炼内容的基础上展开，健美操动作的特点是变化多样、速度较快，对学员身体协调性要求高，同时主要动作是低冲击力与高冲击力有机结合的动作。

在中级课上，需要注意的内容包括以下几点：

（1）动作设计应当变化多样，能够让学生感受到一些个性鲜明的动作风格，使得课程更加有趣味，但不可以太过复杂，不可以给学员施加过多的压力。

（2）低冲击力与高冲击力动作组合时，高冲击力动作不宜过多。

（3）可适当加入"L"形、"之"字形、转体等较复杂的路线变化，还可在前、后、左、右的移动路线中加入面的变化。

（4）音乐的速度以 134～148 拍/分钟为宜。

（5）教学方法多采用金字塔法、递加循环法和固定动作法。

3. 高级课

高级课往往适用于锻炼水平与技术水平较高的学员。高级课的突出特点是：锻炼内容相对复杂、健美操动作变化多样、速度相对较快、对学员的身体协调性要求高，主要是高冲击力与低冲击力有机结合的动作或高冲击力动作。

在高级课上，教师需要高度重视的内容包括以下几点：

（1）设计的动作应多样化，方向路线更复杂，并具有挑战性。

（2）动作复杂、变化多，因此可将动作先分解教学，然后组合在一起进行练习。

（3）由于高冲击力动作的不断加入，易造成下肢关节的损伤，因此要特别注意。

（4）音乐速度以 134～154 拍/分钟为宜。

（5）教学方法多采用递加循环法、层层变换法、固定动作法等。

4. 特殊课型

在现阶段，国内外健身房健美操课程的设计依据包括动作风格、器械与设备、特殊人群等。特殊课型依旧需要根据学员的能力与水平，划分出初级课、中级课以及高级课。

（1）根据动作的风格划分：搏击操课、爵士操课、拉丁操课、肌肉伸拉课、街舞课等。

（2）根据所使用的器械和设备划分：踏板课、哑铃课、杠铃课、皮筋课、自行车课、水中课等。

（3）根据特殊人群的需求划分：儿童课、母子课、孕妇课、产后课、老年人课等。

二、健美操课程的结构

（一）学校健美操课的结构

在现阶段，准备部分、基本部分、结束部分是学校健美操课的常见结构。这里以 90

分钟的课为例加以分析。

1. 准备部分

（1）时间

通常是 20 分钟左右。

（2）任务

一方面，用最短时间来组织学生，使学生注意力集中起来，为完成本次课的教学任务做好心理准备和精神准备；另一方面，做好身体方面的准备活动，促使学生身体的所有器官系统逐步过渡到工作状态，使学生身体不同运动器官和关节、肌肉、韧带为完成大幅度运动做好充足准备。

（3）内容

一方面是课堂常规，主要内容有考勤，宣布本次课的内容与任务，提出相关内容；另一方面是一般性准备活动，往往会通过热身操的形式出现，常见内容包括基本步伐配合手臂动作的单个动作或组合动作以及一般性柔韧练习。

2. 基本部分

（1）时间

通常是 60 分钟左右。

（2）任务

关键性任务是复习旧内容与学习新内容，主要内容是学习与掌握健美操运动的知识、技术以及技能，有效提高学生的身体素质，科学培养学生的综合能力。

（3）内容

①单个动作：身体基本姿态、各部位基本动作、基本步伐、各种跳步动作、各种基本技术。

②组合动作：姿态组合、基本动作组合、乐感培养。

③成套动作：成套动作组合和表现力培养。

④素质练习：力量、速度、耐力等身体素质。

3. 结束部分

（1）时间

通常是 10 分钟左右。

（2）任务

一方面是整理练习，促使学生肌体逐步恢复为安静状态，使学生血液循环得到有效改善，加快学生肌体代谢产物的运输速度与清除速度，有效缓解学生的肌体疲劳；另一方面是简要完成课堂总结，布置课外作业。

（3）内容

结束部分的主要内容有拉伸性放松练习、配合呼吸完成的放松练习、意念放松练习、局部按摩放松练习。

在健美操教学过程中，健美操课的结构还包括很多其他形式。但是，不管教师选用哪种形式与结构，都一定要和人体生理功能变化规律相吻合，参照课的任务、练习任务以及学生特征来做出具体安排，从实际出发，努力追求实际效果，始终坚持有助于完成教学任务的原则。

（二）健身房健美操课的结构

开始部分、中间部分、结束部分是健身房健美操课的常见结构。具体来说，开始部分与结束部分往往由热身与整理组成，中间部分的变化比较大。以中间部分的变化情况为依据，能够把健身房健美操课的结构划分为三段式结构、四段式结构以及五段式结构。

在三段式结构中，热身占 10%～20%，有氧操占 60%～80%，整理与伸展占 10%～20%，其中有氧操部分往往由有氧拉丁、有氧搏击以及有氧街舞组成；在四段式结构中，热身占 10%～20%，有氧操占 40%～50%，肌肉调整占 30%～40%，整理与伸展占 10%～20%；在五段式中，热身占 10%～20%，有氧操占 30%～40%，肌肉调理占 20%～30%，柔韧（瑜伽）占 20%～30%，整理与伸展占 10%～20%。通常情况下，中间三段往往由有氧操练习、一段力量练习和一段其他形式的练习组成。

以上就是最常见的健身健美操结构形式，中间两段往往由一段有氧练习和一段力量练习组成。有氧操部分可以是不同风格、不同形式的有氧练习，如有氧拉丁、踏板等。肌肉整理是指健身房健美操课中，利用身体自身重量及各种器械所完成的肌肉阻力训练，也就是我们常说的力量练习，但与竞技健美操中的力量训练方法不同，其主要用来发展肌肉的力量和耐力，保持肌肉的功能，调节发展不平衡的肌群和改善肌体的外部形态，从而使身体机能保持在最佳状态。肌肉调理的练习内容主要有上肢、躯干和下肢二三个部位的肌肉力量练习。在有氧练习后和力量练习前应有一个简短的整理。

三、健美操课程的组织和实施

（一）课前准备

1. 课程设计

结合学员的情况和特长完成课程构想，应当是教师健身课准备的首要工作，具体有安排课程强度、选择课程类型等。教师应当挑选自己擅长的课程类型，尽可能表现出自己的优势，高质量地完成每节健身课。在课前准备环节，最重要的任务是全面掌握学生的情况，从而科学安排课的内容和强度。

针对初学者以及健身课参与者来说，课的内容应当是基本动作，各项动作比较简单，重复动作相对多样化，对身体协调性方面的要求比较低，同时主要动作是冲击力低强度的动作；针对技术基础比较扎实、身体协调性较好、身体健康的参与者来说，课的内容应当是动作变化多样、高冲击力动作和低冲击力动作有机结合，主要动作应当是中等强度的动作；针对技术水平较高且身体素质良好的参与者，教师应当安排相对复杂且变化多样的课的内容，选取运动强度较高的动作。

2. 音乐选择

在确定课程种类后，再根据课程种类的要求及自己对音乐的把握选择音乐。不同的课程所要求的音乐是不一样的，拉丁舞健身所采用的音乐是以拉丁风格的音乐为主如恰恰、桑巴等风格的音乐；街舞健身所采用的音乐是动感十足的 HIP-HOP 音乐；而传统健美操音乐一般采用 DISCO 音乐。因此，不同的课程种类决定采用不同的音乐。在确定课程种类后要做的第一件事就是要进行音乐的选择。同一种风格的音乐表现手法也不一样，决定着动作设计的变化手法也不一样，因此，在选择音乐时必须根据自己对音乐的把握程度进行筛选，尽量选择自己能够很好把握并能通过自身动作很好表现的音乐。在做完以上工作后，最后根据课程的构思整理音乐。例如，课的热身部分应当预留多长时间，选用什么样的音乐；课的基本部分应当安排多少内容，分别安排多长时间，选用什么样的音乐；课的放松部分应当安排多长时间，选用什么类型的音乐等，选用音乐时一定要选取课的构思，从而有效整理各个部分的音乐。

3. 动作设计与编排

教师完成课程设计和选择音乐这两项工作之后，应当着手对动作进行设计与编排，这同样是课前准备工作中的一个关键环节。在运动生理学中存在"用进废退"的原理，这项原理同样适用于健身锻炼过程中。具体来说，健身锻炼就是以身体不同关节的灵活性、肌肉的弹性以及韧带的伸展性为基础，在身体所有部分共同参与下完成的一项健身活动。

因为动作是各种健身项目当中的首要因素，所以只有具有良好的、符合科学要求的动作会更容易接近乃至达到目标，反之则会事与愿违，甚至对人造成伤害。优美大方的动作可以使人赏心悦目，并给人们带来欢乐，从而延缓疲劳现象的产生，反之则使人产生厌恶的心理。

人体的运动从解剖的角度看是围绕着各个关节而进行，并由神经系统指挥肌肉收缩与伸张而产生运动，运动行驶主要有屈、伸、举、绕、弹、踢、摆。由躯干、上肢动作与下肢动作配合而产生的各种姿态、步伐、跳动、旋转。健身操的动作是以步伐为基础，通过步伐练习提高心血管系统的功能，培养灵活性、协调性、节奏感等。动作本身包含很多项要素，最为关键的分别是位置、节奏以及过程，位置主要有人体相对空间的位置，四肢相对躯干的位置等，节奏主要指动作和动作串联之后的彼此之间的时间关系，过程包括路线与方向，具体就是动作与动作连接过程中肢体的运动轨迹。动作本身的重要因素是时间，即连接过程中所用时间。

健身操当中采用的动作应该是那些有利于健康，遵循人体的自然发展规律，安全可靠的动作，而易造成损伤的动作是被禁止使用的，如头的360°转、背弓等。目前健身操的形式是多种多样的，良好的、科学的使用这些动作，可以有效地促进人体的健康。掌握这些动作的规律，了解它们的功能，是作为一个创编者所必须做到的，因为动作是健身操的核心。了解这些知识以后开始进行动作的设计与编排。健身操动作的设计与编排应遵循以下指导思想及创编原则。

（1）健身操创编的指导思想

健身操运动的宗旨是提高人的健康水平，在进行创编时除了把握具体的操作外，还要明确总体的指导思想。健身操创编的指导思想具体如下。

①健身性。健身性是在创编中首先应具有的思想，也就是一切动作与设计都应围绕这一思想进行。健身健美操的目的在于提高人的健康水平，人的运动基本素质，改善形体。健身操是属于有氧运动范畴，有氧运动可以使人体的各循环系统得到很好的锻炼，同时有氧运动又能有效地消耗脂肪。

要想保证人体健康，就必须使人体的各个部分都得到充分的锻炼。根据人体解剖特征，人的头颈、躯干和四肢要想得到充分的锻炼，应有意识地使各个关节进行各种运动，如屈伸、摆动及绕环等运动形式，从而促进肌力的增加，提高关节的灵活性，以及通过改变运动的位置、方向、节奏、路线来影响不同的肌群。通过动作路线、节奏、位置、方向与单一动作、复合性动作的变化来培养人的协调性、同一动作重复越多对同一肌肉及关节影响越大，但并不是越多越好。因此恰当地运用才能达到促进健康的目的。

作为一个健身运动的指导者应该知道每一个动作对哪些肌肉或肌群产生影响，以及肌肉做功的基本原理。例如，通过手臂胸前屈肘对二头肌施加的影响，通过提膝对腹直肌及股四头肌的影响等。

②安全性。安全性是保证健康的前提条件，同时也是为大多数人服务与发展有力保障的条件之一。因此，在创编中必须坚持有益于健康为原则，避免那些容易造成伤害的方法与手段，发展那些有益于身心健康的方法与手段。

教师要想达到安全性要求，需要做的是：首先，保证采取有氧练习，防止无氧运动产生；其次，严格遵循人体自然运动规律，坚决反对和人体自然活动的动作相违背；再次，尽可能减少对关节产生冲击力，有效保护关节，防止肌肉被过度牵拉，避免对肌肉产生伤害；最后，教师应当保持奋发向上的精神状态，从多方面体现人体良好的精神状态。

③身体全面发展。就身体全面发展来说，不但是创编健身操的一项重要思想，而且是保障人体健康尤其是均衡发展的一项关键条件。

④娱乐与艺术性。健身操不同于其他运动项目，在于它有很强的娱乐性与艺术性。人们在锻炼身体的同时，身心也可得到愉悦。世界卫生组织（WHO）发表的健康定义为："健康是一种在身体上、精神上的完满状态，以及良好的适应力，而不仅是没有疾病和衰弱的状态。"以这个定义为依据，能够把健康理解成第一是生理健康，第二是心理健康，第三是良好的道德和适应水平。悦耳的音乐能够有效陶冶人的情操，舒展大方的动作能够给人带来美的享受，在音乐和动作的双重作用下，常常能够有效释放人们的负面情绪，由此得到良好的情绪和状态。

（2）健身操创编的技术性原则

在创编活动中遵循特定的规律与原则是保障成套动作的科学性、时效性的必要条件，是通向设想目标的桥梁。

①合理的成套动作结构。健身操课的结构往往由三个部分组成，分别是热身部分、基本活动部分以及放松调整部分。热身部分的主要目标是让身体从比较静止的状态，开始活动到关节和肌肉获得一般性活动，从而加深呼吸为进入应当达到的运动强度做好充分准备，尽可能防止运动损伤，并且向基本活动部分做好思想准备。制定热身部分的内容可以以整套操的目的和结构作为依据，主要包括呼吸和动作协调配合、一般性伸拉和关键活动等。

基本活动部分是锻炼过程中的主要部分，练习的主要内容是关节的活动以及肌肉练习，从而有效消耗热能，完成练习采取的主要形式是操化动作、垫上练习、步伐、跑跳等。基本活动部分的主要目标是加强运动负荷，借助耗能来有效减脂，从而提升人体运动的基本素质，有效改善心脏器官的功能。教师在创编肌肉练习的过程中，应保证练习和伸拉交替进行，从而避免肌肉过度僵硬。

放松调整部分主要以放松、伸拉为主要内容，目的是放松肌体，注意逐渐降低运动负荷，从而尽可能地恢复与达到锻炼前的状态。每个部分运动强度不要忽然加大或减少，注意连接动作的设计，使运动强度逐渐变化。

②鲜明的针对性。创编健身操的过程中，创编者首先要对接受者的具体情况进行分析，最基本的是身体有无严重的疾病，特别是不适合运动的疾病，如严重的心血管疾病，运动功能上的疾病与缺陷等，身体素质（力量、耐力、速度、柔韧、灵敏）情况如何，运动经历、心理状态和周围环境等因素都应予以考虑。

③动作的有序性及流畅性。在健身俱乐部练习及集体练习健身操时，锻炼者流动性强，业余练习者居多，一般的教练常常采用连续的教学方法带领学员练习健身操，在创编这类操时应注意有顺序地安排动作，使动作与动作之间形成一定的规律及连贯性，便于锻炼者快捷而顺利地接受和掌握动作。特别是步伐的流畅，因为流畅而符合规律的步伐是锻炼顺利进行的有力保证，同时也可以减少运动损伤的出现，从而更好地达到锻炼的目的。

有序和流畅，一方面是指活动部位有序流畅，一方面是指动作和动作之间连接的规律有序流畅。例如，根据解剖位置从上到下或从下到上，从外向内或从内向外，从一种步伐正确连接到另一种步伐，从局部到全部以及从单一到综合和复杂。为有助于教学顺利开展和学习者全面掌握，建议教师在创编过程中有针对地分解复合性动作并全面分析动作，推动动作达到有序流畅的要求。健身操的动作主要由步伐配合上肢运动和躯干运动组成，在形成一个复合性动作时能够将其划分成若干个单一动作，之后再逐步进行组合。

要使动作连贯合理，首先要了解动作中包含哪些类型。第一，步伐。步伐的流畅主要是保证运动中的身体重心，如果能够在运动中使身体重心平稳，做到流畅就不难了。步伐的主要形式有：双脚同时运动、双脚依次运动、同脚多次运动。在步伐与步伐的转换中，重心的变化是关键所在。首先，重心在双脚中间同时运动，如双脚弹动、开合跳等，这类步伐在连接下一步伐时可以任意地选择。其次，重心偏离人体中心倒向某一边时，如果接下一步伐则使用另一只脚（有意多次使用同一侧脚除外）。第二，手臂动作。手臂动作的运动形式与运动范围比较复杂与多样，但归纳起来有对称性运动、不对称运动、单手运动（单手依次、单手单边多次）、双手运动，运动形式有伸、举、摆、绕、振等。通常情况下，对称运动比不对称运动的接受难度较小，倘若上下之间和左右之间在胸前停留一下就更容易被接受。教师应当有规律地运用这些形式。在整套操产生特定规律之后，教师应当要求锻炼者尽快掌握动作，从而有效强化锻炼的实效性。

④合理的运动负荷。在创编健美操的过程中，控制运动负荷是极为关键的。健身操应当将运动负荷控制在中小强度的范围内，从而为运动过程中正常呼吸供氧提供保障。为了有效地达到最佳锻炼价值，应把负荷控制在健身所需要的负荷之内。在健身操中常用的控制最高心率办法是：220－年龄＝最高心率。

一般来说，动作速度、重复次数、时间、动作幅度、肌肉用力因素会对运动负荷产生影响。在相同时间段内，动作速度越快、重复次数越多、幅度越大，肌肉用力越大，强度就越大，反之则小。如果保持动作速度、幅度、肌肉用力，则时间越长、重复次数越多，强度也越大，反之则小。

教师在对健美操运动负荷进行设计时，应当促使运动负荷逐步上升和下降，同时在负荷变化过程中呈波浪式曲线上升和下降，整体呈现为正向曲线，整套健身操中允许出现1~3次高峰值，当产生多次峰值时每次强度应当是不同的。锻炼时间越长，则产生多次峰值的可能性越大，反之就越小。在国际上，一般会把俱乐部锻炼时间控制在45~60分钟，我国部分俱乐部将锻炼时间控制在60~90分钟。就步伐强度来说，主力腿腾空高度、动力腿动作幅度、肌肉控制力度、动作速度都会对其产生影响；就手臂动作强度来说，具体就是以肩为点从下往上逐步强化，动作幅度和动作速度同样是控制强度的关键性因素。

⑤动作风格与音乐风格的统一性。强调创编中的艺术性与创新，并在创编中遵循动作

风格与音乐风格的统一性。健身操是一项结合了体操舞蹈、音乐等项目特点的。综合性体育锻炼项目，它的重要特点之一是带有强烈的娱乐性与表现力。因此，有目的地吸收舞蹈动作与其他运动项目的动作，以及独特的动作创造是在创编中必不可少的环节。

健身操最初把迪斯科与体操动作融为一体，并运用有氧运动的锻炼原则独树一帜，赢得了众多人的钟爱，主要原因在于它独有的娱乐性与健身的实效性。尔后健身操融合了越来越多的舞蹈动作与独创动作，形成了风格各异，形式多样的健身操。例如，爵士健身操、拉丁健身操、搏击健身操等，使锻炼者从中得到了无比的乐趣与益处。健身操是一项包容性很强的体育运动项目，能够很快地吸收新的舞种与新动作，只要对身体锻炼有益都可以被接纳。这是和健身市场与人们的需要分不开的，也是健身操发展的原动力。由此可知，衡量创编者优劣的关键性标志是其选用舞蹈素材与其他运动项目的动作和独创性。

（二）教案撰写

在每次课之前编写教案能够让课前准备更加充分，促使教师对教学的自信心更强。在某些情况下，一名健美操指导员往往同时教授几种课程，通过撰写教案来记录每次课的教学内容，将会给健美操教学带来很大的便利。除此之外，坚持记录动作组合编排对提升健美操指导员的创编水平和提升授课质量都有积极作用。撰写健美操课的教案应当涉及的内容有目标和任务、教学内容、教学方法、教学要求、时间分配。

（三）设施准备

教师在课前应当提前 10 分钟到场，主要工作是：第一，检查音响设备与场地状况是否正常，倘若出现问题应当及时处理；第二，准备好哑铃、踏板、垫子等上课所需的器材，布置的位置应当选择不影响其他部分课的开展且方便取放。

（四）沟通

在课前准备中要做到指导员与学员的沟通，了解学员的一些基本健身史、伤病史等，以及学员喜好的课的类型，以保证授课的质量。

（五）课堂组织

1. 课前交流

在正式上课之前，应用几分钟的时间介绍一下本堂课的主要内容、特点和目的，使学员心中有数。同时，如有新学员，应适当打个招呼，不要让新学员感到陌生和受到冷落。如果本次课是第一次课，或者都是新学员，那么教练应首先做自我介绍。

2. 练习队形与示范位置

练习的队形应根据参加练习的人数和场地的具体情况来确定。学员之间的间隔和距离要适宜，每人应有大约两米的空间，左右以学员两臂侧举不会相碰、前后以适当插空排列为准，这样不仅学员有足够的活动空间，而且能有效地观察到指导员的示范动作和面部表情，有利于相互间的沟通。在进行器械练习时，应根据器械的特点和大小适当增加练习队形的间隔距离。在取放器械的过程中，健美操指导员有责任进行指导和组织，有效提高练习效率，并且努力避免伤害事故出现。

决定示范位置的首要要素是保证所有学生都可以看到，从而为指挥和观察提供便利。在现阶段，部分场地设置了示范台，为教师上课带来了很大的便利。当未设示范台时，应当借助调整队形来促使所有学生都可以观察到教师，这是保障练习效果的一项重要因素。如今，循环练习课、力量练习课等在其他国家十分盛行，要求健美操指导员走到学生中间展开交流和指导，这种方式有助于指导员处理个别和集体之间的关系。

3. 教学形式

健身健美操课多采用集体练习的形式，因为有氧练习要求中低强度、长时间的运动。在课程进行过程中最主要的要求是保持学员的心率在一定的时间内不下降，使之稳定在最佳心率范围内。因此，集体练习就成为一种最有效并被广泛采用的健身健美操课练习形式。

集体同时练习和集体分组练习是集体练习中两种截然不同的练习形式。集体同时练习即所有的学员同时做同样的动作，其优点是比较简单、便于指导员的指挥，容易达到练习的强度和密度要求，其不足之处是形式比较单一，容易使学员感到枯燥，从而失去对练习的兴趣，需要指导员特别重视与学员的沟通和激励方法的运用。集体分组练习即把学员分成若干个组，同时或依次做不同的动作。这种练习包括目前在国外非常流行的循环练习，以及加入各种队形变化的练习方式。集体分组练习使得学生之间的配合和联系更加紧密，使得练习乐趣更加浓厚，并且将教师的主要工作由单方面领操转移成了课堂的组织，由此健美操教师需要达到更高要求。

对于一堂健身健美操课来说，可以将集体同时练习和集体分组练习有机结合起来加以运用。例如，在热身和整理练习的过程中，可以选用集体同时练习，在中间的主要练习阶段可以选用集体分组练习，如此能够让课程组织更加多元化，使得学生的兴趣和锻炼效果都得到大幅度提升。

4. 观察与调整

尽管任何一名健美操教师在课前都会有一定的设想，部分教师甚至已经写好了教案，但健美操教学课程中，依旧需要其及时观察学生的练习情况，同时参照具体情况来及时调整动作难度和教法等内容。由于学生的身体情况和情绪是不断变化的，也可能指导员原先的信息来源与事实有出入，设想不一定符合当时的实际情况，也许个别人有特殊情况需要特别的照顾，总之应使课堂上所有的学员都感觉良好，没有人跟不上你的动作，也没有人感到枯燥，这样才能保证课的效果。因此，细心的观察和及时的调整对一堂成功的健身健美操课是非常必要的。

5. 激励

采用各种方法及时对学员进行激励是健身健美操指导员应具备的意识。激励在一堂课中应贯彻始终，包括对学员的每一点儿进步都及时进行表扬，使学员明确自己的进步，增强其锻炼的信心，并鼓励其向更高的目标努力。

（六）课后交流与总结

1. 交流与反馈

在授课结束之后，教师不可以立即离开场地，应当预留和学生交流的时间，以便及时掌握学生的感受与想法。

2. 总结与改进

教师把自身体会和学生反馈信息当成依据，及时评估和归纳上课情况，肯定优点并指明缺点，探究出存在的问题以及处理措施，为接下来的授课完善提供依据，由此持续提升教师的能力以指导效果。

第三节　健美操的教学特点与方法

一、健美操教学特点

在健美操的教学过程中，教师可以依循一定的教学特点。具体内容如下。

（一）健美操具有丰富的教学内容与信息来源，练习具有较强的可变性

健美操教学内容十分丰富，既有竞技性质的，又有健身性质的；有徒手进行的，又有需要器械的；动作也有难易之分。在教学的过程中，信息来源范围也十分广，既有源自动作自身的，又有源自音乐、医学、营养学等。除此之外，因为健美操是一个个单独动作所组成的，因此，其构成与改变的要素十分富于变化，对其中的任何一个要素做一些改动，就会出现新的动作、造型、组合乃至成套练习，同时会对运动负荷也产生影响。所以，健美操的练习具有较强的可变性。

（二）坚持练习健美操，可以锻炼体魄，矫正体态

健美操教学让学生对健美操的专业知识、技能与技巧理解掌握的同时，也可以锻炼学生的体魄。比如进行强度适中或较低强度的练习，持续 30 分钟以上，就能够起到锻炼心肺功能，减少皮下脂肪的作用，从而改善体态。除此之外，在进行健美操教学时，不管是对单独一个动作或是一套组合、成套动作进行教学时，都应对对称、协调、平衡与规格进

行强调，以便能够促进身体走向正确姿态。

（三）健美操教学中对于运动负荷的安排可以起到健身功能

健美操教学过程中，对于身体练习，负荷主要是中强度或低强度的，是在对健身有效果的阈值范围之内，属于有氧运动。有氧运动对改善肌体的耐力、促进与提升心血管系统与呼吸系统的功能都有着较为明显的效果。

（四）将创造性的思维活动与实践结合

健美操的另外一大特色是能够对学生的创造性思维有启发效果。健美操的不断创新是其强劲生命力的保证。在进行健美操教学时，教师将基本的动作与技术向学生传授的同时，也应对学生的思维进行引导，使之能够持续地建立新的思维联系，创新健美操的动作、组合及成套练习，让学生在练习中能够学会创编健美操，同时形成创造性思维方式。所以，健美操练习是将创造性思维活动和实践结合的。

（五）健美操教学有相应的美育目标

健美操教学过程中，不但健美操的动作本身就有强烈的审美效果，健美操对于身体发展、健康增进等的特殊功效也有一定的美学价值。除此之外，对于健美操动作的合理设计，将动作和动作、动作和人、任何人进行巧妙地配合，使动作与音乐相结合，等等，这些无不具有很高的美学价值。健美操应将这些美学特征利用起来，以实现美育的目标。

二、健美操教学方法

教师在教学过程中，以完成传授给学生健美操的知识、技能与技术、发展学生能力等教学任务为目的，所使用的手段和途径统称为教学方法。对教学方法进行科学的选择与采用，是健美操教学任务顺利完成、教学质量提高的保证。

健美操教学方法多种多样，教师在教学时应遵循教学原则，同时分析学生特点、结合教学条件，有选择地进行运用。

（一）领带法

教师或者优秀的学生领着其他学生练习的方法称作领带法。这种方法在新课教学与复习课的前半部分、热身时经常使用。对于简单动作来说，学生跟在带领者之后做就可以完成练习。但是动作如果较为复杂，则学生常常会记不住或忘得快，对衔接动作难以记住，便需要教师进行领带。领带时最好是以背面进行示范，便于学生模仿。

领带法的优势在于能够促进学生在较短的时间里掌握正确的动作，同时能够掌握部分或成套操的练习。不足之处是学生因处于被动地位，所以缺乏学习的主动性，学习氛围较为沉闷。

教师在使用领带法的时候，应该注意以下几点。

1. 在讲授新课的时候，教师应用背面进行示范。这样可以让学生在认识身体部位、动作方向、动作路线及身体姿态等方面更加直观，可以在建立动作的概念与肌肉的感觉时可以使用更短的时间。如果用正面进行示范，这使学生会难于理解动作，对教学效果会产生影响。

2. 在进行复习课时，可以让动作比较熟练且动作较为规范的学生来进行示范，带领学生练习。这样一来可以树立榜样，使学生具有很好的学习自觉意识与积极性；二来可以使教师能够观察学生的动作，对错误进行纠正。

3. 在使用领带法教学的时候，教师的示范动作要十分仔细，并且应让学生认真观察、记忆。

（二）衔接法

在进行成套健美操的教授时，让学生对节和节之间、段和段之间的连接进行熟悉与掌握的教学法称作衔接法。通常，一套健美操有 13 个节左右，较长的会有近 30 节。比如 20 世纪 80 年代推出的"青年韵律操"就有共 13 大节，28 小节。因为节数与节拍都比较多，动作也有许多变化，使学生很难进行练习与掌握。

教学的实践过程中，常常会有学生在进行成套或是部分动作练习的时候，做完一节后不知道怎么衔接的情况。这就是衔接法所主要解决的问题，让学生能够顺利衔接动作，完成整套操。所以这一教学法对于学生记忆衔接动作有着显著的效果。

使用衔接法时应注意以下几点。

1. 学好成套操是建立在单节的学习基础之上的。在进行每一节的教学时，应保证学生掌握开始的姿势，做完几个 8 拍或者几拍后再重复几次，并让学生掌握结束姿势。

2. 在上新课时，教完一节之后，应尽快练习之前学过的几节。例如，在教完第五节之后，应立刻与第一、二、三、四节联系起来，并且重复练习。

3. 在开始的时候，教师一定要先使用领带法，进而慢慢转变成用手势、口令、语言等提示法让学生完成动作，最后再使用音乐伴奏，让学生自行完成动作。

4. 衔接不只是在于动作和动作之间、节和节之间、段和段之间，动作和音乐之间也有衔接与配合。在学生对音乐和动作的关系有了初步的理解之后，还需要带领学生在音乐和口令的指示下重复进行练习，慢慢变成只在音乐伴奏下就能够练习。依据健美操与音乐的结构，使用先分段后成套的教法，会有更好的教学效果。

（三）交替法

在健美操教学时，依据教学任务，将学生分为两个或更多的小组，进行交替练习称为交替法。交替法不但能够使学生更好地掌握健美操动作，并且会影响健美操练习的密度、强度与课程的负荷量。对于学生健美意识的提高、形体的塑造、心灵的陶冶都有积极作用，并且使学生培养起观察、分析、纠错的能力以及主动意识与关心他人的意识。

使用交替法时应该注意以下几点：

1. 依据教学任务及学生的身体，将学生分为2~4个小组，先同时练习1~2次，然后各组交替练习。

2. 在分组交替练习的时候不可以过于放任，而破坏教学秩序。应对学生进行一定要求，使之结合看、想、听、练。观察其他同学的动作，可以使其观察与分析能力得到锻炼，同时能够使其更加具有自觉性。在看与想的过程中完成动作，可以促进沟通神经与运动系统相互联系，对动作的记忆有增进作用，并且对健美操动作技能进行掌握。

3. 交替练习的分组可以依据单数、双数进行，这样有利于"一对一"，使对象更为明确，能够相互之间进行观察与帮助，同时交流经验与情感。还可以从队形的中间走，让前后、左右两组进行交替练习，交替练习法对学生熟悉动作、提高表现力都有促进作用。除此之外，还能够依据学生的体力进行分组。

4. 使用交替法进行练习的时候，应该有明确的目的。一般情况下，在教授新课的时候，为了使学生可以对成套健美操进行学习与掌握，应达到一定水平的负荷量，在复习课的时候要对成套动作进行熟悉，在训练身体与纠正动作的时候使用。所以，对于练习量的强度要注意调节，使学生的肌体得到改善，有氧代谢得到促进。

（四）念动练习法

学生在脑海里有意识、系统地再现已经形成的动作表象的练习方式称作念动练习法。这样的练习法对于正确动作动力定型的建立与巩固有积极作用。在进行念动练习的时候，首先起到的作用是改善动作的准确性、协调性，并改进动作能力。

在进行健美操教学时，常常可以看到一些学生在对新动作进行学习或是对成套操进行熟悉的时候，没有发挥全力，但是其熟练度与那些全力以赴的学生并无多大差别。通过观察可知，这些学生在学习时注意力非常集中，有时会自发地进行模仿。这样一种在想象中的联系，可以使肌肉产生微弱的神经冲动，多加重复后，便能对记忆产生强化作用。

使用念动练习法的时候需要注意以下几点：

1. 这种方法经过验证，是一种较为有效的练习法，但是一定不可以使用此法而忽视身体练习，更不可以使用这个方法去替代身体练习。教学中应将此法与身体练习结合起来，使学习动作的过程能够缩短，在节省体力的同时保证教学效果。

2. 这一练习法对动作表现的形成很有帮助，在对成套连接的熟悉方面、动作技能的掌握方面以及动作协调度的提高上都会比仅仅观察的效果要更加显著。

3. 这种练习法对运动负荷的减轻很有帮助，对于身体较弱或是暂时不能进行负荷量较大的练习的学生来说是一种很好的练习方法。

（五）语言法

该类教法有口头语言法和书面语言法，在健美操动作教学中，最常用的是口头语言法。为便于叙述，以下简称语言法。

教师使用语言来对知识进行传授，并指导学生对动作、技术与技能进行掌握，并能够展开练习的方法称为语言法。此法是一个通用的教学方法，在健美操教学中应用得最广泛。

1. 语言法的教学手段

在健美操教学中，常使用陈述、讲解、提问、口令等形式来进行语言教学。

（1）陈述

陈述要求教师对学生进行直接叙述，使之明白事实材料，在宣布任务、内容以及发表纪律要求的时候经常会用到，陈述的语言应当言简意赅。

（2）讲解

教师在讲解时，对学生讲述动作的名称、过程、要领与教法，并使用论证与推理的手段，对动作的原理及技术的关键进行深入剖析，使学生能够更好地理解。讲解是语言法的主要形式。讲解应简明、具体、形象、易懂，要根据学生的智力水平进行讲解。讲解可以广泛采用形象比喻法，有助于学生更好地完成动作。讲解必须正确使用术语，富有表情，声音轻重缓急，抑扬顿挫，能使学生精神振奋、精力集中。

（3）提问

教师提问不是原封不动地向学生传授知识、技术和技能，而是通过学生在提问情境条件下的独立认识活动而获得。它的功效，除了在于传授知识、技术和技能外，还可以发展学生的创造性思维。常用的提问形式有新授课的提问、复习、巩固教材的提问，检查性提问及自问性提问等。

（4）口令和提示

①口令

健美操练习时，通常是用口令来指挥的。尤其是学习新动作，口令起着辅助教学的作用。健美操的口令既要清脆、洪亮，同时又要有节奏，并能充分体现动作的特点。由于每一个口令都标志着动作的完成或是停止动作，一切动作的完成都伴随着用来调节练习速度、节奏和强度。因此，语调在口令中有很大作用，语调的高低可使动作富有表现力，节奏明显，张弛交替。在练习过程中，主要动作应加重语调，帮助学生用力。

②提示

使用口令的过程中，经常也要使用提示。提示既可以是对全部学生的，也可以是对一名学生的。提示所使用的语言一定要简短，且意义明确，以确实起到提示效果。例如，"一、二、用力，五、六、抬头"等。在进行成套动作训练的时候，可以对下一个动作的名称进行提示，例如"五、六、开合跳"。提示的时候除了使用语言外，也可以使用手势来做提示。这种方法通常是与口令配合进行的，要保证学生可以看得见。手势一定要明确，最好与动作形象相配合。

2. 语言法的运用

在健美操教学中，学生直接练习以便顺利掌握所学动作，是教学的基本活动内容。由于课上教师说话的时间比较短，而且学生经常是在运动状态之下，教室里的环境又很复杂，所以，健美操教学的语言法要求会更高。在具体运用时，要注意以下几点。

（1）讲活

所谓讲活即讲得生动形象。这要求教师尽量使语言形象化。形象化的语言能有效地建立起中枢神经和运动器官之间的联系，在大脑皮层形成所学动作的表象，使学生能按技术要领完成动作。

（2）勤讲

在健美操课上，教师的嘴要勤。

健美操动作技能的形成，并非经一次暂时联系可完成，因此，教师要反复多次地讲述动作要领，以强化刚刚建立的暂时记忆。尤其是在初学阶段以及各种动作之间的连接，教师的嘴更要勤，因为这个阶段学生自制能力差，大脑皮层建立联系快，失去联系也快。嘴勤要求句句都要说到点子上。

（3）贴切

所谓贴切即教师所使用的语言要切合实际，有的放矢。教师要根据学生的技术水平、文化程度和年龄特点等不同情况，采用相应的讲解方法。对初学者，要先讲解动作要领，然后再练习；对高级运动员，可边练边讲解。对文化程度和理论水平较高的学生，可尽量使用术语，开展逻辑结构较为严谨的教学；而对于那些文化程度较低的学生，授课时就要遵循循序渐进原则，深入浅出。对学习者，要多使用他们熟悉的语言，方能收到良好效果。那种训斥、讽刺、挖苦、谩骂等不良手段是不可取的，这是一种危害学生身心健康的教育手段，最终的结果是事与愿违，应杜绝这种不良现象的发生。

（4）精讲

即贯彻精讲多练原则。只有教师精讲，学生才能多练。精讲不是少讲，而是要简明扼要，一语中的，意在追求信息效益程度。为此，一个动作的概念、要领及练习方法要根据教学进程，层次分明地逐次进行讲解。一般来说，教学之初进行介绍性讲解，练习过程中进行补充性或提示性讲解以及练习后做小结性讲解。为突出重点，便于记忆，还可把动作要领合理地编成口诀进行讲解。

（六）记忆法

记忆法的主要目的是让学生能够尽可能在最短的时间学习和掌握教师的教学内容，其又可以分为观察法、念动记忆法、简图法。

1. 观察法

观察法是通过看示范动作、看图片、看动作录像等方法获得生动、逼真的动作形象，加深记忆，熟练动作。此方法有助于建立和巩固正确动作的动力定型。

2. 念动记忆法

所谓念动练习指的是学生的一种有意识活动。具体来讲，就是学生对已经在脑海中形成的技术动作有计划、有目的地进行反复练习，以加深印象，达到熟练掌握的目的方法。念动练习有以下两种形式。

（1）集中观察一个动作的过程，然后想象这个动作，使它在脑中完成。

（2）在成套动作连接不熟练的情况下，反复想象成套动作中各节的名称顺序，各节、各段之间的连接动作，使其在脑中串联成套的方法。

3. 简图法

利用画简图的方法，让学生把所学动作方法、名称，动作的做法以及连接方法，用简图表示出来。这样可以强化记忆，加速学习动作的过程，形成较牢固的动力定型。

使用记忆法进行教学时应该注意以下几点：

（1）记忆法的使用多是在学生对全套舞蹈动作有了大致把握，但还不甚清晰的阶段。这个阶段的教学，教师一般不宜对技术动作等提出过多的要求，以免打乱学生的记忆程序。

（2）教师在采用这种方法教学时，要注意方法技巧，尽可能找到一种简便易学的途径，如采用几字口诀简化舞蹈动作，帮助学生学习熟练成套动作，加深动作概念。

（七）重复法

顾名思义，重复法就是对动作进行多次练习，以达到熟练运用目的的方法。对于健美操动作的重复有三种选择，即单个动作的重复、组合动作的重复以及成套动作的重复。使用重复法进行教学，一方面可以帮助学生尽快掌握健美操动作，另一方面也有利于动作的改进，做到动作的规范、标准。除此之外，还可以达到锻炼身体的效用。

使用重复法进行教学时应该注意以下几点：

1. 注意动作的标准规范性，以免对错误动作的反复练习。这就要求教师在进行动作的示范时，要注意自身动作的准确性，另外还要及时纠正学生的错误动作。

2. 在教学的开始阶段，要注意运动负荷的合理性。不可为了速成，进行频率较高的重复练习，以免造成身心疲劳，影响以后的学习。

3. 要处理好练习次数和练习质量的关系。既要结合教学进度和学生的身体状况来安排练习的次数，又要保证每次练习的质量，使学生在学习中达到学习的最优化效果。

（八）示范讲解法

示范和讲解法是所有的体育运动教学中，使用频率最高且效率较高的教学方法。所谓示范是由教师或者表现优异的学生站在前面向学生展示具体动作的方法。示范法要求进行动作展示的教师或学生的动作要规范标准，且要做到动作的优美性，以便激发学生的学习兴趣，帮助学生进行高效的学习。教师在进行示范法教学时，往往还要伴随着口头上的讲解，做到语言和肢体的双重教学。讲解的主要内容包括动作名称、要领、功能以及练习的注意事项等。讲解法的运用可以帮助学生更为深刻地理解示范的肢体动作，可以起到事半功倍的效果。有时候，在教学时教师还可以利用口令提示来指导学生练习。提示的口令要求简洁、准确、有力，如提臂、挺胸等口号。

使用示范讲解法进行教学时应该注意以下几点：

1. 动作的优美、准确性。优美的舞蹈动作可以激发学生对美的向往，从而培养他们学习健美运动的积极性和主动性。动作示范时，要注意站在让全体学生都能观察到的地方，如队伍的前排或中间，方便学生学习、练习。

2. 示范的朝向要结合健美操的具体要求及时做出调整。健美操是一项动作比较活泛的运动，其动作幅度变化较大，教师在示范时，必然要跟着健美操结构的变化而变化朝向。如动作是围绕人体的前后轴变化，那么，示范者应面向或背向学生进行示范；如果动作是围绕人体的左右轴变化，示范者就要对动作进行侧面展示。除此之外，当进行复杂动作的教学时，示范者应根据主要问题来选择朝向。教学的初级阶段，教师为了给学生建立规范且正确的动作表象，通常采用两种朝向的混合教学。

3. 运用讲解法时，除了要做到语言简练外，还要注意语言表达的精确性，什么样的动作、什么样的节奏、哪个部位发力等都要精准描述，以便让学生能在最快的时间内领悟。此外，讲解法一般是在动作示范之后进行，有时也可伴随着示范法进行，这主要根据教学动作的属性决定。如慢动作时，可在进行动作展示的过程中进行讲解，这样有利于帮助学生树立正确的动作概念。

（九）完整法与分解法

完整法是对健美操动作的整体教学。这种方法的优点在于可以保持动作的连贯性和内在逻辑性，帮助学生建立整体的舞蹈表象；不足之处在于一整套动作的教学不利于学生对动作的精确把握，特别是遇到那些动作较为复杂、难度较大的动作时，更不容易掌握。分解法与完整法相反，它是对舞蹈动作或身体环节进行分解，然后分别教学的方法。健美操的舞蹈动作一般是多种关节、部位的相互配合，且在教学中难免出现结构复杂、难度较大的动作，这时候，采用分解法教学，可以很好地突出重难点，帮助学生重点攻克较难的动作，尽快地掌握整体的舞蹈动作。

使用完整法与分解法进行教学时应该注意以下几点：

1. 在进行简单动作的教学时，通常采用完整法进行教学。

2. 在进行复杂动作的教学时，开始可采取完整动作的慢性教学，以加强学生对动作的印象。之后，再恢复到正常节奏的完整教学。

3. 遇到对协调性具有较高要求且复杂的动作时，就需要发挥分解法的作用。教师在对动作进行整体把握的基础上，对健美操动作或按照身体运动的环节或按照动作的复杂性来进行合理分解。在学生对初步动作进行掌握后，再进行完整法教学。

综上所述，每种教学方法都有自己的特性所在，运用得当都能获得良好的学习效果。但是需要注意的是，这些练习方法并不是相互独立的，而是存在密切联系的。在健美操实际教学中，教师可根据教学情况来决定使用哪一种或哪几种方法指导学生，以达到教学效果的最优化。实际上，这些方法都是健美操教学过程中的重要一环。

随着全球化的发展，健美操领域的国际交流也逐渐加强。在这个过程中，针对健美教学的方法不断得到丰富加强，一系列新的教学方法相继出现。这些教学方法，在实际运用中对健美操教学起到了很好的促进作用。以线性渐进法为例，这种方法就是把每个单独的动作按照一定的顺序连接起来，在动作之间只做出一个因素的改变或肢体动作或其他因素。这种教学方法简单易学，且有较高的自由度，在教学中，深受教师和学生的喜爱。

第四节　健美操与校园文化

一、学校文化概述

文化的诞生不是偶然的，而是需要一定条件的积累。通常来讲，文化的产生离不开三个条件的支持，即文化创造的主体、对象和文化生存发展的手段、环境。学校系统是文化产生并发展的最佳场所。具体来说，学校是健美操文化的主要创造者，而且具有了从事文化活动的对象，并且也有文化发展的环境和实施手段，这些条件催生了独具特色的学校文化。学校文化在学校的整体活动中占据重要地位，是学校的灵魂所在，一经产生便贯穿整个教学系统中，并且对社会文化系统产生重要影响。

学校文化的含义有广义和狭义之分。从广义上讲，学校文化是一种学校生存和发展的总和。从精神到物质都在影响着学生的身心发展，对学生的人格塑造产生重要影响；从狭义上讲，学校文化指的是师生间进行的课外活动，也就是通常讲的"第二课堂"，重点在于塑造轻松、自由的文化氛围。由此，我们给学校文化的概念做出概括：所谓学校文化是由师生为主体、以课外活动为主要方式进行的多层次、多领域的独特的群体文化。

如果对学校文化再进行进一步解读，那么可以从实体性和非实体性这一分类上着手。

实体性学校文化包括校园实体性的物质文化和精神文化两大类。前者具体包括学校的环境布局、教学设施、一草一木等，后者包括图书馆、资料室以及里面包含的各种书报、杂志等。

非实体性文化包括校园的非实体性的精神文化、制度文化以及实践性的精神文化。第一种非实体性的精神文化包括学校的各种活动主体间的人际交往、校风、学风等；第二种制度文化包括学校的各种规章制度、校纪校规、班纪班规、机构体制等；第三种实践性的精神文化包括学生参加的各种课外活动等。

由上述分析可知，学校文化是文化的重要组成部。那么，什么是文化呢？通常我们习惯从文化的属性和作用出发，把其分为物质文化和精神文化，而在这两大类里面，又包含着多层面。仅精神文化就分为理性文化和感性与理性相结合的文化，前者主要指的是各种科学理论知识，后者则涉及艺术领域。

如果要从精神和物质两大层面判别学校文化的属性，那么，毫无疑问，它属于精神文化的范畴。具体来说，学校文化是一种具有审美属性的精神文化，这也是学校文化与其他文化差别所在。究其原因，可以归纳为三点：其一，学校内布置的基础设施和花草树木等造型设计本身具有一种艺术美；其二，学校内开办的一些活动大部分都带有人文精神因素；其三，学校文化本身的人文性、审美性在调节人与物、人与人之间关系的方面发挥着重要作用。

二、体育与学校文化

哲学上把人的本质归纳为"一切社会关系的总和"。人的全面发展指的是个体德智体美劳的综合发展，这是学校教育的主要目的。而体育教学是学校教育的重要组成部分，也是人的全面发展的重要指导思想的体现。相对于其他阶段的教学，大学的体育教学肩负着更重的任务，因为它既要确保大学生拥有一副健康的体魄，以便与其他方面的教育互相配合，培养出社会所需要的综合性人才。抛除教育学方面的意义，仅从社会学层面上看，体育还可视为一种社会文化现象。通常来讲，人们从事体育运动的目的主要在于促进身心健康发展，进而升华自我，获得一种自我满足感。在大学中，体育文化与其他理性精神文化和感性与理性的混合文化共同构成学校文化体系的一部分。

三、健美操在大学校园文化建设中的作用

某种层面上说，健美操锻炼也是体育运动的一个重要组成部分，健美操文化包含于体育文化中。健美操是伴随着经济的发展、人们的生活水平逐渐提高而兴起与发展起来的，

其目的在于帮助人们锻炼身体、塑造体形。物质生活水平的提高使人们逐渐不满足于传统体育项目带来的健身效果，转而研究和追求更加具有审美属性的运动。最初，人们只是从健身这一目标出发，积极发掘传统体操、舞蹈等项目中的动作造型，后来，又逐渐增加了音乐、情感等因素。后来，这一方面的理论也逐渐发展起来，又反过来指导人们的健身运动，最终发展出了融合体操、舞蹈和音乐为一体的健美操项目，因其动作的优美、易学，且具有健身塑体的功效，便得到人们的喜爱和追逐。健美操的主要特点包括艺术性、娱乐性、创造性、群众性等。现如今，健美操已经走入了大学校园，成为学生锻炼塑身、追求艺术美的重要活动之一。健美操在大学校园的兴起为校园文化的发展注入了活力。

健美操可以帮助人们强身健体、增强体质。作为一种有氧运动，健美操在对身体各部位的关节锻炼、肌肉群的锻炼方面发挥着巨大作用。经常从事健美操运动的人，在耐力、速度、柔韧和反映灵敏性方面往往强于一般人。它有力地促进了大学生的身体健康水平，帮助他们抵御各种疾病。在大学期间，经常组织学生从事课外健美活动，既是对学校体育教学的响应，也是对学生健康美的培养。

健美操对人体塑造发挥着强大作用。每个人都希望自己有副健康的身体以及完美的体形，健美操完美地满足了这两条要求，也因此成为人们健身塑体的首要选择。大学生正处于生长发育的关键时期，也是形体塑造的重要阶段，健美运动的独特魅力赢得了众多大学生尤其是女性大学生的青睐。这里注意的是，完美所说的形体美并不仅指的是身体的外部轮廓，它还包括由身体所发散的那种动态美。长期坚持健美操锻炼的人，一举一动间都透露出阳光、自信和活力，并且有种气质美。这是健美运动所达到的内在美与外形美的完美契合效果。

健美运动还具有培养审美能力、塑造个人品格的作用。健美运动本身就是一种力量美的体现，其训练过程就是在展示一种美。在这种对美的展现过程中，会潜移默化地培养人们的审美意识和审美能力。大学生在从事健美操锻炼的过程中，培养了能力、升华了情感、塑造了品格，进而不断把自己打造成更加优秀的人。大学校园作为一个群体活动场所，同其他社区一样，也有休闲娱乐的需要。健美操作为一种极具时代气息的运动，其独特的艺术魅力，为校园文化注入了新鲜血液，使学生的休闲娱乐活动有了更多的选择，校园生活更加丰富多彩，学生的文化品位也得到提高。

第三章　健美操运动训练

健美操是一项能够增强人们身体素质、改善人们身体形态、放松人们心态的运动，并且适合各个年龄层段的人进行锻炼。所以健美操才会在全国各地迅速地开展起来。随着健美操地位的不断提升，对于健美操的基本理论的研究也被提上了日程，以下是对健美操训练的基本理论的探析，以便读者能够对健美操的基本理论有一个系统的了解。

第一节　健美操运动训练的基本原则与方法

健美操训练的基本原则是在运用教学原则基础上发展起来的，它和运动训练的原则是一致的。由于健美操训练的原则和方法比较多，以下是对健美操训练的基本原则与方法中的重点事项的论述。

一、健美操运动训练的基本原则

（一）全面训练与专项训练相结合原则

在对健美操训练的实践探究中，我们发现如果将全面训练和专项训练结合起来，那么最后对于健美操训练是非常有益的。因为进行健美操训练的青少年是处于生长发育的关键阶段的，在训练的过程中，如果只是针对专项训练的话，是不利于他们身体的全面发展的。所以必须加强对他们身体素质的全面训练，将全面训练和专项训练结合起来，提高他们的身体素质，这有利于对他们进行健美操训练，促进其身体全面健康的发展。

（二）系统性原则

在进行健美操训练时，运动员如果想要取得较为优秀的成绩的话，是需要长年不间断地进行健美操训练的，并且在这一训练过程中，必须不断巩固运动技能，"三天打鱼，两天晒网"是不利于健美操的锻炼的。在健美操训练的过程中，要坚持系统性的训练原则，明确目标，调整运动量，循序渐进地练习健美操。

（三）合理安排运动负荷原则

在对运动员进行训练的过程中，应该合理安排运动项目，不要对运动员进行超负荷的训练，以免给运动员的身体造成负担。健身性健美操的训练一般是在绝对有氧状态下进行的，而竞技性健美操的训练则是处在无氧与混合供氧的状态下进行的。对于竞技性健美操来说，对运动员身体各部分的支配能力以及控制能力是有严格要求的。因此，在进行训练的时候，需要在条件允许的情况下，尽可能进行较为系统的训练，并在整个训练周期中安排不同的运动负荷：强度适应期—强度上升期—强度缓冲期—强度冲刺期—调整期，形成有规律的运动强度曲线，这也是提高运动员专项耐力与承受负荷的最佳手段。

（四）区别对待原则

坚持区别对待的原则是有利于充分调动运动员的积极性的。因为对于健美操这一体育运动来说，全面型的运动员是不常见的，教练只有在对运动员的基础情况有一个系统了解的情况下，才可以扬长避短，对一些在技术上有所缺失的运动员进行重点教学。健美操的比赛类型是不同的，一般是个人项目、混双项目、三人项目，因此，在健美操训练的过程中，坚持区别对待原则是必不可少的。

（五）直观性原则

关于直观教学的方法有很多，一般是对于初学者采用直接示范的方法，等到练习者的健美操水平到达一定程度之后，再采用图解、录像等方式进行教学。在健美操训练的过程中，坚持直观性原则是有利于健美操教学的。

二、健美操运动训练的方法

（一）身体训练的方法

对于体育运动的每一个项目来说，人体的身体素质都是进行锻炼的基础，只是由于每一个运动项目对于人体的身体素质的要求不同，所以在对身体进行训练的过程中所侧重的方向也是不同的。健美操身体素质训练是增强身体体质、锻炼坚强意志品质的重要运动项目。根据健美操运动项目的特点，应重点发展以下几个方面的身体素质。

1. 柔韧

柔韧性在竞技性健美操中起着非常重要的作用，只有运动员拥有良好的柔韧性，才能在展现健美操的过程中，更加顺畅地将健美操的动作完成好，才能在比赛中具有竞争力。

柔韧性练习的方法包含两种：一种是被动法，也就是说在外力的作用下增加关节的灵活程度；另一种是主动法，也就是说在通过与某些有关联的肌肉收缩来增加灵活性。从竞技性健美操的特点来看，在发展柔韧性的时候必须加强肩、腰、腿、胯的柔韧性和灵活性。但是在练习的过程中也应该把握好分寸，避免由于过度的伸、拉运动造成肌肉的拉伤。

2. 力量

整个身体或身体中的某一部分肌肉收缩和舒张时，克服阻力的能力即是力量素质。对于健美操运动员来说，力量素质是其进行健美操训练的基本素质之一。力量素质的强弱对完成健美操动作质量的高低是有较大的影响的。因此，力量素质在整个健美操训练的过程中占有重要地位。通过对于力量的训练，可以提高人体肌肉的工作能力。其训练内容主要包括以下几方面。

（1）上肢力量练习

对于上肢力量练习可以采用以下几种方法。

①各种哑铃与杠铃的卧举和坐举练习。通常，以50%的负荷强度做20次为宜，每减少5%的强度，重复次数可增加两次；每增加5%的强度，重复次数减少两次。

②引体向上练习。两臂上举，双手正握单杠，两臂肘关节同时自然弯曲，使头部高出单杠为宜。每次练习两臂肘关节都应从伸直状态开始，随着肱二头肌力量的增加，可以缩短两臂肘关节之间的距离来增加难度，动作控制为慢下快起，或做静力性练习，训练者在做引体向上肘关节弯曲到最大限度时，尽量保持这种姿势，时间在30秒左右。随着力量的增加可以适当延长时间或者增加负荷。

③胸前负重屈臂练习。两臂稍比肩宽，双手反握哑铃；双臂上提至胸前，肘关节自然弯曲。随着肱二头肌力量的增加可以增加哑铃的重量，训练时应控制好负荷和次数的关系。

④双杠臂屈伸练习。两臂支撑在双杠上，含胸收腹，身体略微向前，两腿自然下垂；两臂肘关节紧贴身体慢慢弯曲，身体随着向下至最低，尽量保持这种姿势，时间在30秒左右。随着力量的增加可以适当延长时间或者增加负荷。

⑤俯卧撑练习。两臂稍比肩宽，肘关节慢慢弯曲使身体慢慢下降与地面保持小于10厘米的距离；肘关节快速伸直使身体快速地升起，连续进行；或进行静力性练习，训练者应保持撑起姿势20~30秒。随着水平的提高还可进行单手俯卧撑、单手单脚俯卧撑的静力性练习。

⑥弹簧拉力器练习法。训练者使用器材辅助训练，双手正握拉力器两端，将拉力器拉至最大状态，然后控制住姿势，一次时间控制在30秒左右。随着力量增大可以增加弹簧数或者延长控制时间。

（2）腰腹力量练习

对于腰腹力量的练习，应重点发展腹部肌群、背部肌群的力量，侧腰肌力量和躯干控制力量的训练。其方法如下。

第一，腹肌力量。①各种悬垂收腹练习，举腿、举腿绕环；②各种快速踢腿练习，扶肋木前踢腿、原地和移动向前高踢腿跑跳。

第二，背肌力量。①在高位上的俯卧抬上体、两头起、摆腿；②扶肋木的快速后踢腿、原地和移动向后高踢腿跑跳。

第三，侧腰肌力量。①侧卧起上体、仰卧体转起坐；②扶肋木的快速后踢腿、原地和移动的向侧高踢腿跑跳。

第四，躯干控制力量。①仰卧，脚和肩背分别置于体操凳上，身体伸直保持一定时间，腹部可负重；②俯卧，脚和前臂分别置于体操凳上，身体伸直保持一定时间，背部可负重；③直角支撑、高直角支撑、背水平支撑下的躯干控制力量练习。

（3）下肢力量练习

对于下肢力量的练习，主要是采取以下几种方法。

①负重提踵跳：将杠铃的重量调整到最大负荷的50%，然后进行分组练习。

②肩负杠铃弓步行走：在进行练习的过程中，应该注意将前腿尽量弯曲，然后伸直后腿，脚前掌着地。

③蛙跳：5~10级蛙跳。

④跳绳：单、双脚连跳。

注意事项：力量训练是需要与柔韧训练相结合的，并且进行力量训练的人应该使身体得到最大化的放松之后，再进行训练，避免因为身体僵硬，而在力量练习中受伤。

3. 协调性

协调性指的是运动员完成指定动作的身体的配合度，是运动员身体的每一个部分在时空中能够有效地执行动作。这是最困难的物理素质练习，最难提高质量，但它是竞技体操必须有的素质。

协调性可以通过各种舞蹈组合、自由的运动、一般的有氧运动和健美操跑跳动作来进行训练。爵士舞组合和迪斯科组合对改善协调性是非常有帮助的，这种类型的舞蹈对于协调性的锻炼是很好的，因为这些舞蹈需要身体各部位的肌肉组织参与运动。相对而言，其他类型的舞蹈对于肌肉的锻炼很不全面，在运动时，很多部位的肌肉都锻炼不到，爵士舞和迪斯科却可以做到，因为这个类型的舞蹈动作不是一致的，有的是对称的，有的是不对称的，所以很多肌肉组织都能够锻炼得很好。参与的肌肉组织越多，对于肌肉的锻炼越好，因此，在某些组合中，应该选择那些需要上肢、下肢、躯干、头部和其他部位都能锻炼到的动作，在一定程度的复杂性下，大脑可以控制身体的各个部位参与不同的运动，并使这种能力得到提高。

提高协调性的方法还有一个，就是运动员不断学习其他的动作，在学习中掌握更多种新动作，不断地学习和锻炼能够使身体的支配能力不断提高，在神经系统形成牢固的记忆，配合肌肉记忆，使身体的协调性更佳。

在训练中，协调训练总是要改变舞蹈、自由运动、健美操和其他运动的组合。选择的这些舞蹈的动作经常变换，运动应该是对称的和不对称的都要练习；在运动中应该涉及不同的肌肉群，特别是运动中涉及的小肌肉群也应该锻炼到。训练的内容在整个运动过程中都要安排好，整个练习中都贯穿各种动作的练习，使各个肌肉群都能得到锻炼。

4. 耐力

耐力是身体承受疲劳的能力。运动耐受性包括肌肉耐力、心血管耐力和神经过程耐力。这三种耐力在健美操运动中是非常重要的，健美操是有氧运动，需要更多的耐力。单人比赛的完成时间在 1 分 30 秒左右，在完成时间上的误差不能超过 5 秒。与此同时，运动员需要保持快速奔跑的状态，在选择的难度动作中，需要较强的耐力配合完成，否则难以完成整套的健美操动作。在健美操运动的练习中，每节课的动作练习次数很多，进行几套甚至几十套这样的练习都是很平常的。因此，耐力不足是坚持不下来的。

常用的长距离跑、变速跑、预定时间起跳、跳绳等方法对于提高耐力都是很有效的，这些方法可以提高一般耐力。不过比一般耐力练习更多的是专项练习，在健美操的实践中更特别，因为它更实用。

进行专项耐力的练习需要一定的方式方法，如竞技性健美操的动作重复练习，在达到一定的练习量时可以很好地锻炼耐力。

对于专项耐力的练习也是有一定要求的，开始的时候先进行一般耐力的锻炼，然后再进行专项耐力的锻炼，其中专项耐力的力量耐力和速度耐力是很重要的，可以使心肺功能提高；另外，在专项耐力的练习中，时间和强度都要超过比赛的负荷量，这样比赛时不会有很大的不适应。

耐力训练更加枯燥，内容的选择和安排、练习方法的多样性、运动量的大小都需要合理，在耐力的练习中，可以使用间歇训练、循环训练和反复训练交替进行的方法。在训练课程中，通常安排在课程的下半节进行耐力训练。

（二）技术训练的方法

健美操通过技术训练不断巩固、提高和完善运动技能，提高各项身体素质。同时通过技术训练，还可以使运动员提高对专项技术的理解和分析能力，提高教学训练的效果。

技术即指能充分发挥运动员肌体能力的合理、有效地完成动作的方法。技术训练实质上是运动员专项技能的提高过程，该过程通过与教学有关的所有组织教法形式来完成。技术训练的程度是训练过程中运动员所必须掌握的技能总和，两者紧密联系。技术训练的中心任务是培养那种能完成竞赛活动的技能。这种技能使运动员得以最有效地表现自己的个性，使新颖复杂的动作与动人的音乐融为一体，并在多年训练的基础上，使技术水平不断提高。运动员技术水平越高，则完成单个或组合动作的可能性也越大。

在健美操的练习中，技术水平越来越高超，因此，对于健美操的练习需要科学的训练方法、成熟的技能指导，这样才能提高运动员的健美操水平，也是健美操练习的根本任务。

健美操技术训练内容分为三种，以下是详细介绍。

1. 舞蹈训练

舞蹈训练是健美操训练中经常用到的训练方法，在健美操训练中起着非常重要的作用。在健美操训练中，舞蹈是训练优美的姿态和身体协调性的最好方法。进行舞蹈训练还可以增强音乐的节奏感，增加健美操动作的表现力和美感。

通过舞蹈训练，可以直接提高以上的技能，还可以锻炼身体的肌肉，增强肌肉记忆能力，提高运动员的艺术修养，将舞蹈动作融入健美操中，培养舞蹈和健美操的意识。这样训练可以将健美操的艺术表现力提高，运动员们可以进行更完美的健美操表演。因此，进行舞蹈训练对于提高健美操的观赏性是很有必要的。

舞蹈训练的内容有很多，经常用到的舞种有芭蕾舞、现代舞、爵士舞、迪斯科等。这些舞蹈动作可以拆分和组合，进行基本功的练习，舞蹈动作的美感更强，与健美操的相似度更高。

（1）把杆练习

把杆练习对于训练运动员掌握身体的平衡是很有效果的，能有效地集中训练身体的每个部位，当然训练的主要部位还是主要躯干、腿和脚，这些部位的运动感觉通过训练会更加敏感，对于动作的支撑也更加有效。在健美操运动中，把杆练习与芭蕾并不是完全一样的。它主要是训练打开、伸展、站立等，并控制身体部位的肌肉和力量的大小。使用把杆练习进行各个方向的踢腿、控腿、身体弯曲、伸展、波浪、波动、旋转等。在把杆练习的过程中，还可以配以舞蹈的练习，爵士乐、迪斯科和其他运动与把杆练习的基本方法相结合。在运动训练期间，教练可以为初学者或运动员安排更多的练习。

（2）单一舞蹈基本动作练习

芭蕾舞的7个手位和5个脚位的练习是最基础的练习，还有一些动作是在这个基础上进行变化的，如各种基本动作（摇摆、绕环和波浪）和身体波（躯干波、左右和前后的身体波动），还有各种舞步（华尔兹、波尔卡、波浪的弯曲跳跃）。旋转和跳跃对技术的要求是很高的，它能锻炼身体的灵活性、协调性和肌肉的控制与稳定性。

（3）舞蹈组合动作练习

竞技性健美操与舞蹈训练相结合，可以更大程度地提高竞技性健美操的观赏性。舞蹈训练的结合可以训练运动员的协调性、灵活性、节奏和肌肉运动感觉。舞蹈组合可以是所有风格的舞蹈都融合在一起。在竞技性健美操训练中，使用爵士、迪斯科和拉丁舞比较多，这些舞蹈的动作和健美操相似，健美操借鉴这些舞蹈的动作，可以增加健美操的动作多样性，进一步提高健美操的美感。

2. 基本动作训练

在学习那些结构相近的动作时，起着带动动作的关键动作就是基本动作。它们与那些结构相近的动作有着同一个中心，并且是该结构组中最简单而又具有完整技术特征的动作。它们是掌握同类动作时所不可缺少的，包括基本步伐、基本姿态、基本难度、基本操化组合等。

（1）徒手体操

徒手体操是身体各个部位进行的单个或成套动作。徒手体操形式自由，内容丰富，动作简单。在徒手体操的练习中，要遵循这样的标准：动作规范，横平竖直。徒手体操的练习对于训练身体的姿态端正是很有好处的，可以训练运动员身体部位的正确位置。它是一种独特的运动对称的运动类型，可以让肌肉在整个范围内发展。

徒手体操可以单独练习，也可以安排一套音乐练习，可以在课堂练习中安排。一般来说，徒手体操更适合做准备活动，不仅可以锻炼正确的姿态，还可以进行热身运动，节省上课时准备活动的时间。

（2）健身性健美操

在健美操中，健身性健美操是最基础的练习。这种基础性的练习有利于掌握肌肉的松紧程度和动作节奏，各种伸拉延展的动作都是健身健美操最基本的动作练习，使身体的灵活性更高；增加健身方式，培养健美操意识。

健身性健美操一般练习的时候动作比较简单，不过也可以安排一组音乐练习。

（3）竞技性健美操的基本动作

在竞技性健美操中，基本动作是需要熟练掌握的，是伴随着各种手臂动作的变化、七个基本步骤和各种跳跃动作。把这些动作进行有机的重新组合，就是一组竞技性健美操。通过竞技性健美操的基本练习，可以快速锻炼肌肉，肌肉的放松和紧张都能快速调节，身体的灵活性也更强。

竞技性健美操基本的训练方法是：在原地和行进之间跳跃，改变腿的运动方向，手臂的摆动方向，躯干的伸展弯曲与头部运动摇摆等，竞技性健美操结合舞蹈动作改变了动作生硬感，增加了运动员改变运动的姿势。运用各种类似和独特的舞蹈动作，为身体的训练和发展提供支持，结合多种练习，选择与不同的舞蹈动作相结合，还能提高与音乐结合的能力。基本的竞技性健美操动作训练也提高了身体的灵活性，善于掌握运动节奏，增强腿部灵活性和整体协调性。锻炼的组合或拆分是提高耐力、灵活性的基本方法，这样的锻炼不仅增加了动作的美感，还锻炼了身体的素质。

3. 难度动作训练

新规则规定，在竞技性健美操中，需要完成四个难度动作，这也是必须做的，包括俯卧撑、倒地、旋腿与分切，支撑和水平，跳跃动作，灵活性和改变并行。根据规定，最困难的动作加起来最多允许 12 个，这些动作的分值加起来最多也只允许 12 分。

所有级别的困难都应该基于运动员的实际技能来选择。在训练过程中，可以运用适当的辅助练习、分解技能练习和专项练习，进行一段时间的运动员训练，逐步建立正确的动作观念，熟练掌握健美操的技能，达到完全的健美操的动作切换自由的最终目标。

4. 操化动作训练

第一阶段：基本动作练习阶段。通过基本步伐和基本姿态体操练习，使运动员掌握手臂、躯干、腿的基本位置以及健美操的基本动作；通过形体课练习，使运动员形成正确、优美的动作姿态，提高肌体的灵活性、协调性，培养运动员的艺术表现力。

第二阶段：组合动作练习。操化动作是以组合形式出现，目前对操化动作的要求也越来越高，操化的动作是成套动作的主线，需要高度重视。学习成套动作中操化动作的单个动作及组合动作，学习手臂动作与步伐动作的配合，将这些操化动作组合配合音乐节奏熟练掌握。

第三阶段：配合动作。在集体项目中有配合动作，包括动力性配合和托举，以反映集体项目的协作精神。通过配合动作，可体现队员之间的情感交流、相互勉励、共同拼搏。

（三）心理训练的方法

影响比赛胜负的因素有很多，其中一个不可忽视的因素就是心理因素，心理因素在比赛中起着非常重要的作用，有时候能够影响运动员的正常发挥。虽然健美操比赛是徒手动作，不过受心理因素的影响也很大。因此，在健美操的训练中，对于健美操心理训练也是很重要的，其中包括意识训练和心理训练。

1. 意识训练的方法

健美操的意识训练主要包括三个方面的内容，其中有表现力、优美性的训练和乐感的培养。

（1）表现力、优美性的训练

关于表现力是很抽象的，主要是指内在精神和外在动作的统一。在竞技健美操比赛中对表现、激情等的反应是非常重要的。竞技健美操比赛需要运动员表现出无限的热情来吸引观众，把观众的情绪充分调动起来，一起融入健美操的表演中。优美性是把行动达到完美境界时展现出来的美感。

美是运动员通过自身的内在和外在因素的作用下的和谐表现。表现力和优美性之间的互补与不可分割的关系确定了两者是相辅相成的。这是一个很长的培养过程。通过各种舞蹈练习，健美操的表现力和优美性能够得到提高，特别是在不同风格的舞蹈组合练习中，训练富于表现力和优美性。在通常的训练安排中，应该注意动作的优雅性，所以教练在训练时给予运动员的指导是非常重要的。

（2）乐感的培养

好的音乐修养不会一蹴而就。这需要长期的训练，逐步提高能力。训练乐感的主要方法是听各种音乐，但首先要与健美操相关，再做各种培训安排，如把杆练习，各种舞蹈实践，自由体操等的训练，尽可能选择不同的节奏和旋律的音乐伴奏，培养运动员适应各种旋律和节奏的音乐的能力，培养他们的音乐节奏。乐感的培养不应仅限于课上，要让运动员养成平时多听音乐的好习惯。

2. 心理训练的方法

根据健美操训练和比赛特点可采用以下几种方法来进行心理训练。

（1）模拟训练法

模拟训练是一种基于比赛条件和环境的特殊训练。这种模拟训练对训练运动员适应竞争的心理状态非常有效，可以使运动员加强自我控制和适应能力，提高运动员的适应性。

模拟训练的具体方法可以根据不同情况随时调整，根据场地环境、组织顺序或比赛时间和顺序进行安排。只有最逼真的训练场景才能还原比赛的场景，使运动员始终有正在比赛的心态，把训练当比赛，把比赛当训练。通过这些方法，运动员可以调整自己的精神紧张状态，更好地控制自己的情绪。这些方法通常在赛前训练阶段安排。即使不是真正的比赛，在模拟训练中，运动员应该从动作到角色都投入进去，完全当成正式比赛来训练，否则就失去了模拟训练的真正意义。

（2）念动训练法

念动训练是一种加上心理暗示的训练方法，结合自身的情况，把最初的运动形象在脑海中再现。心理暗示训练可以使训练更高效，让运动员在脑海里把训练情景重新整理，牢牢记住所有的动作要点，可以帮助运动员更好地把握动作，减少能量消耗，把精力都集中在比赛或者训练上，使肌肉更合理地工作。

念动训练可以在训练和比赛中发挥更好的作用，应引起教练员足够的重视。念动训练的时间选择非常灵活，在训练间隔时间里，在比赛开始之前或之后都可以进行。教练员应注意在平时的训练中使运动员养成念动训练的习惯，运动员在比赛的时候就可以轻松使用。在比赛前的念动训练是很重要的，这可以帮助运动员增强抗干扰的能力，调整他们的心理状态，更加投入地进行比赛。

第二节　健美操运动训练计划的制订

在健美操训练中，制订健美操训练计划是很重要的一个步骤，是训练的重要组成部分。这是为了科学地控制整个培训过程，实施培训目标和任务，逐步规划和实施培训程序，帮助教练员和运动员及时总结经验，并及时纠正培训中的问题。这样才能使运动员不断提高比赛时的表现，比赛有很好的状态：身体、技术和心理都处于最佳状态。

一、健美操训练计划的作用

（一）树立明确的训练目标

训练计划给出了训练活动参与者（管理者、教练员和运动员）一个努力的方向。这样运动员能够明白努力的方向和目标，从而使他们更加主动地配合训练，即使在训练过程中遇到很多困难，也能有直面困难的勇气，并采取各种措施共同克服困难，实现目标。

（二）系统规划训练过程

训练计划通过对现实状态的分析，预测未来的变化趋势，制定适当的措施，提高目前的训练质量。通常会使用一系列环环相扣的训练计划将复杂的训练过程组织起来，成为一个既互相独立又互为衔接的整体，使不同的训练内容与不同时间跨度的训练过程融入一个直观的训练体系之中。

（三）减少训练资源的重复和浪费

训练计划的质量及为实现训练目标所采取的适当措施都会产生高效的训练结果，当一个阶段的训练实践围绕着清晰的训练程序进行时，参与者任何低效率的训练活动将会得到纠正或者消除，使时间和资源的浪费减少到最低限度。

（四）提供训练过程监控与结果评价

训练计划预先设计的目标和所要达到的标准可以用于监控训练过程。教练员可以随时记录下运动员在训练过程中的反馈信息，及时对训练过程中出现的问题进行调整。在训练结束以后，根据训练结果对训练工作做出客观评价，有利于训练参与者积累训练经验，也为今后训练工作的改进提供科学依据。

二、健美操训练计划制订的原则

（一）系统性原则

健美操运动员的培养过程是受多种因素影响的长期系统工程，训练计划就是实现运动员状态转移的通路，把训练计划具体到每一次训练课中，统一训练参与者的思想认识和实践行动。系统性原则体现在教练员对整体训练过程的宏观控制上，即在对健美操项目特征、运动员特点、运动员状态、训练任务、竞技能力形成规律等各种因素全面认识的基础上，制定与之相适应的训练目标、训练内容、训练方法及手段和训练负荷等，并注意保持各个训练阶段的持续连贯性。

（二）针对性原则

制订计划时，必须对现阶段影响训练目标及任务的主要因素进行针对性地分析，还必须针对运动员的个性特征、技术风格制订不同的训练计划。另外，即使是同一运动员在不同机能状态或训练环境下，训练计划也应有所区别。针对性原则体现在教练员对具体训练环节的微观控制上，就是抓住健美操项目的本质特征和训练规律的普遍性与共性、专项成才规律、运动员个体特点、比赛对手的特殊性与个性等，对此进行针对性的分析、研究。

三、健美操训练计划的类型

健美操训练计划根据不同的标准可以划分为不同的类型（图3-1），而且，这些计划的分类方法不是相互独立的。

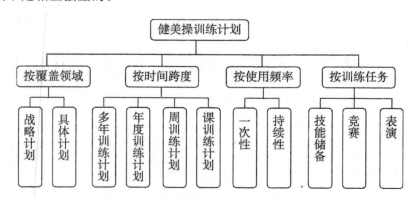

图3-1 健美操训练计划类型

（一）按覆盖领域

1. 战略计划

应用于健美操专项群体宏观方面的规划，其主要任务是分析健美操当前的发展格局和未来的发展趋势，从全局发展观入手，确定专项群体在运动项目整体格局中的发展定位。

2. 具体计划

应用于健美操专项群体微观方面的规划，其主要任务是通过具体训练环节逐步实现阶段性训练目标，确定专项群体在年、月、周、日时间段的具体训练计划，从而最终实现战略计划所树立的总目标。

（二）按时间跨度

训练计划按时间跨度来分有多种，分为多年、年度、阶段、周、课时等各种时间段的训练计划。

1. 多年系统训练计划

多年系统培训计划较为普遍，是培训目标的总体思路，明确的全面培训政策，制订每一年的培训计划，以及训练需要达到的效果。多年系统训练计划是全面把握几年的训练计划，在训练的总体方向上是具有主导作用的。

2. 年度训练计划

年度培训计划是也是非常重要的训练计划，它是基于多年计划制定年度培训目标的。根据前一年的培训，基于今年的主要任务制订年度训练计划。它是根据全年培训的目标所制订的，对于整个年度的训练目标和方法都做了科学安排，是科学培训的重要保证。年度训练计划的目的是让教练和运动员能够清楚今年要达到的目标和成就，要做什么准备，如何在每个阶段实现目标，等等。

（1）年度训练计划的内容

①目标任务。根据比赛、表演的时间，从身体、心理等各方面针对不同的情况制定具体要求，同时对于不同时期的总体目标和具体要求进行细致的分工，包括思想教育和意志力的锻炼。

②分析情况。对于运动员的状态进行分析，具体包括身体素质、心理素质和技术状态等，对在过去的比赛的结果和问题进行分析等。

③指标。对运动员的身体、心理指标指定专人负责。

④训练内容。训练内容有很多项，总之就是对于身体、心理、技术的训练，包括动作规范、培训时间、考核时间安排，以及培训内容的比例。

⑤措施。这指的是具体的办法和制度，包括培训方法、康复方法，以及安全、检查、评估、健康和文化研究，以确保完成这些任务。

（2）周期的划分

训练周期一般是一年分为两个周期，有时候也会分为一个周期，每个周期包含三个具体的小周期，具体如下所述。

①准备时期：这个时期是对运动员的素质进行培养，使他们有足够的信心来学习，学习一些理论知识。此时期占全训练周期的大半时间。身体训练比重较大，后期应以专项素质为主。技术训练应由学新动作、改进提高基本动作质量过渡到联合及成套动作。运动量的调节主要是靠时间数量的增减，强度不大。

②比赛时期：任务是加强意志训练，提高成套动作的稳定性，造就竞技状态，使运动

员以充沛体力和熟练技术参加比赛或测验。此时期身体训练主要是针对性地补缺，直接为专项技术服务。技术训练比例要大大增加，以成套练习为主，对单个动作要进行补缺，可搞"模拟"比赛的训练。运动量可用强度来调整，赛前几天运动量应逐渐降低。

③休整时期：任务是组织运动员积极性休息，总结克服训练中存在的问题，保持一定的训练水平，为新的训练周期做好准备。此阶段时间较短，在两周左右，训练课的次数和时间也相对较少。休整期的训练内容有一般素质的练习和专项素质的练习。

3. 周训练计划

在阶段计划制订以后就制订周训练计划，每个周的训练计划进行详细划分，层层递进，具体包括训练的时间、强度、内容等，每个周计划完成以后要进行小结，总结训练的效果，以便对下周的训练计划做出调整。

4. 课时训练计划

课时培训计划是基于每周培训计划来制订的，也就是每节课的教案。只有认真完成每一个课时的计划，才能逐渐积累完成整个年度训练计划。因此，课程计划必须注重课程计划的制订和实施，而不能脱离规划原则，有时也需要根据具体情况要进行必要的调整。

（三）按使用频率

1. 一次性计划

一次性计划通常是为了满足特定情况而设计的临时性计划。例如，为一次竞技健美操表演而制订的训练计划，表演结束，计划即终止。

2. 持续性计划

持续性计划是为健美操训练活动提供具有一定周期性的长期计划，其与健美操运动员训练周期相对应。

（四）按训练任务

1. 专项技能储备训练计划

一个完整的训练过程由选材阶段、基础训练阶段、专项提高阶段，最佳竞技阶段和竞技保持阶段组成，它们相互独立又互为联系。它们充分满足了健美操运动员竞技能力状态转移的长期性、阶段性的要求，使运动员先天遗传性竞技能力与后天获得性竞技能力通过长期系统训练达到最佳组合。

2. 竞赛训练计划

竞赛训练计划是为完成健美操竞赛任务而设计的训练计划，主要包括赛前准备时期、比赛时期和恢复时期的训练计划。在竞技健美操竞争强度日益增加的情况下，高水平竞技健美操运动员较多采用多周期训练计划，且具有以赛代练的新趋势。

3. 表演训练计划

健美操作为一种体育艺术表演形式出现在文体娱乐活动中，表演训练计划就是为配合文体表演而制订的一次性训练文件。

四、健美操训练计划制订与实施

健美操训练计划类型多种多样，但不管什么类型的训练计划，在制订与实施的过程中都有一些共同程序与基本内容（图3-2）。从确定训练组织的使命到构造训练计划具体内容而形成一系列文件，看似计划制订过程终止，但在计划实施过程中还包含着根据训练实际情况对训练计划的微调与修整，以及根据评估训练效果而进行的反馈。根据反馈结果既可以评价训练目标完成情况，又可以作为制订下一次训练计划的参考依据。因此，训练计划制订过程与实施过程密不可分，在整个训练周期中形成由设计计划到实践检验，再由实践反馈到调整计划的闭合回路。

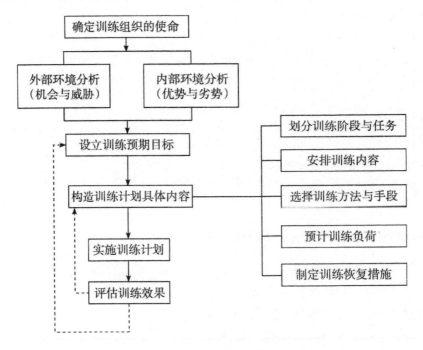

图3-2　健美操训练计划制订与实施的过程

（一）确定训练组织的使命

每个训练组织都具有一定的特殊使命，组织的使命就是对组织存在目的的表述，即这个健美操训练组织为什么存在。明确训练组织的使命会迫使训练参与者慎重地考虑组织的目标与运行情况，具有强烈使命感的训练组织才会在日后的训练过程中克服一切困难，树立强大的信心和决心完成组织目标。

（二）分析训练内外环境

训练组织所处的内外环境对训练参与者设立训练预期目标具有决定性的作用。所以，分析训练内外环境是了解竞争对手、明确自身实力的关键步骤。尤其是在当今竞技健美操竞争日益激烈的情况下，高水平优秀运动员的竞技能力相差无几，那么，对竞争对手和自身实力的透彻分析也有利于制订明确的战术计划。

（三）制定训练预期目标

通过对训练内外环境的客观分析，详细掌握竞争对手和自身实力的优势与劣势、机会与威胁，并以此为依据，开始设立训练预期目标。设立训练预期目标的常用方法有两种，即由管理者设立总目标或由管理者、教练员和运动员共同设立总目标。训练预期目标的具体内容及要求包括具有明确的时间框架，对预期目标的描述可以量化，对任务难度进行初步判定，对阶段性目标的完成情况进行评价，列出围绕目标的活动。

（四）确定训练计划具体内容

1. 专项技能储备训练计划的具体内容

专项技能储备训练计划的具体内容：（1）划分训练阶段与任务；（2）安排训练内容；（3）选择训练方法与手段。

2. 竞赛训练计划的具体内容

竞赛训练计划的具体内容：划分训练阶段与任务；根据比赛次数确定训练计划中准备期、竞赛期和恢复期的次数和具体时间段；根据比赛分类确定赛前训练计划中比赛活动的排列；重视竞赛中的预控计划。实施相应的监控，才能顺利排除比赛干扰。

3. 表演训练计划的具体内容

（1）根据表演日期确定训练阶段与任务，时间明确、任务简洁。一般分为创编、学习、强化、修整、彩排和正式表演等阶段。

（2）注意紧紧围绕表演目的和要求进行节目的编排与创作，如先全套创编再分段训练，或边创编边分段训练，最后进行整体修整。

（3）重视彩排中出现的问题，有效地进行调整、改编，以适应现场表演的需要。

（五）实施训练计划与评估训练效果

在健美操训练计划制订与实施过程中，确定训练组织的使命、分析训练内外环境、设立训练预期目标、构造训练计划具体内容等多属于训练的总体规划与设计工作，实施训练计划与评估训练效果则属于训练的实践检验与反馈工作。只有经过训练实践检验，才可能发现训练计划设计哪些地方是合理的、哪些地方存在问题或者在哪一个具体环节上出现问题。训练计划从制订完成之日起就接受着训练实践的不断论证，并且根据训练情况做适当的调整和变更以达到最佳的训练效果。因此，由训练实践得来的经验对于教练员下一次训练计划的制订具有非常重要的作用。

五、制订训练计划的注意事项

（一）制订训练计划的依据

根据需要、比赛的任务、实际情况及对形势的分析估计，提出训练计划总的设想。

（二）制订训练计划的过程

根据领导提出的任务、要求，教练员结合实际制订训练计划草案，经过反复研究、修改、补充，报请有关上级领导审批后执行。

（三）制订训练计划的要求

制订训练计划从实际出发，使调查仔细选择内容，文本简洁。根据培训的不同阶段，培养对象的年龄、性别、素质、技术、场地和学习等的情况，充分考虑道德、智力、体育等方面的发展，正确处理文化与课后培训的关系。

培训内容要遵循认识论原则，从易到难，逐步增加了做运动的负担；一般要求因材施教；合理安排技术、素质、基本态势的培训内容，以及综合培训、早期培训、专项技术培训等逐步提高的比例。

第三节　健美操运动训练的营养与卫生

科学营养对运动员的体能和运动能力有一定的影响。一旦营养不良，就会导致生长发育不好致使运动能力下降，甚至患上疾病，影响运动能力。运动员营养应以运动、能量代谢等特点为基础，合理安排，使营养补充品既不过少也不过剩，满足身体的实际需要。

一、营养的内含

人体为了生存和生活必须摄取食物，以维持生长发育、正常的物质代谢和生理机能及各种生命活动。营养就是从外界摄入食物，将营养吸收从而维持生命活动的正常进行。人体时刻在进行新陈代谢，所以必须从外界获取一定数量的食物来补充身体消耗的能量。合理的营养就是获得可以保持健康的所有营养，增强身体素质，提高工作效率和锻炼能力。营养缺乏或过剩，都将影响人体的生长发育降低免疫功能，也易患各种疾病。因此，要充分发挥营养的保健作用，就必须提供符合卫生和健康要求的平衡膳食。

许多膳食是高热量、高糖、高脂肪和高钠的，这些过高的成分和许多疾病的发生密切相关，如心血管疾病、癌症、肥胖和糖尿病等。这些疾病都是现代社会中危及人类生命的最主要的杀手。然而，通过改变饮食可以减少这些疾病的发生。因此，每个人对营养知识的了解是非常重要的。

存在于食物中，为健康身体所需要的物质称为营养素，可分为两大类，即三大营养素和微量营养素。

（一）三大营养素

三大营养素包括糖、脂肪和蛋白质，它们是构成肌体组织和提供能量所必需的物质。

1. 糖

糖的消耗与运动强度、时间长短有关。大强度运动时，主要消耗快肌（白肌）的肌糖原；而中等强度运动时，先是消耗慢肌（红肌）的肌糖原，然后快肌和全部肌糖原都大量消耗。在短期内，由于肌肉运动时间短，不引起严重的肌肉糖原和低血糖的发生，但超过40多分钟的锻炼能使肌肉糖原消耗殆尽，持续多天的高强度耐力训练会使肌肉糖原存储量大大减少，直接影响中枢神经系统，发生头晕、眼花等低血糖症状。糖的补充可根据运动时间的长短进行。在长时间运动中，为了不使血糖下降过快、过早，在运动前可吃一些糖；运动时间短的运动，运动前可不吃；运动中也可以补充糖。研究表明：运动时的摄糖量是安静时的 20 倍以上；运动后为了补充糖原消耗，可多吃些糖。

糖的补充不是越多越好，食糖过多的人，可使糖在体内转化成多余的脂肪储存起来，导致肥胖、糖尿病、心血管疾病等，不利于健康。由于我国的膳食结构是高糖膳食，所以在膳食充足的情况下，没有必要另外补充糖。但对于体弱者来说，在进行健美操锻炼前，可适当地吃些糖，这样不仅可以节省体内糖原和防止低血糖症状的发生，而且可以减轻或延迟疲劳的出现，提高锻炼效果。

2. 脂肪

脂肪又称脂类，又分为真脂、磷脂和固醇三大类。

脂肪的储能最多，经过氧化还原反应以后，放出的能量远远多于葡萄糖和蛋白质。脂肪是长时间运动时能量的主要来源，体内能量供应首先来源于糖，在糖逐渐减少时，开始由脂肪来供给能量。脂肪供能时，需要有充足的氧气。脂肪除了作为能量储备外，也是构成细胞的组成部分。

人体内脂肪的贮存量较大，一般占人体体重的 10%～20%，男子如果超过 25%、女子超过 30%，就被认为是肥胖。人体对于脂肪的实际需要量并不高，一般认为每天 50 克就足够了。过多地摄入脂肪对肌体不利，一则脂肪在体内代谢耗氧较多；再则过多的脂肪，尤其是动物性脂肪，是导致肥胖、高血脂和动脉硬化的主要原因之一，所以，膳食中的脂肪不宜摄入过多。

3. 蛋白质

蛋白质参与生命活动的全过程，是生命的基础。肌肉的收缩、放松是靠肌肉中蛋白质分子的活动来实现的。血液中携带氧的血红蛋白、参与生理机能调节的一些激素也是蛋白质。蛋白质在能量代谢过程中占重要地位，它是全能的营养物质，蛋白质在分解时产生的能量，也是体内能量的来源之一。

蛋白质与人体运动能力有密切关系。血红蛋白、肌血蛋白和肌纤维中的结构蛋白是肌肉收缩的物质基础。肌肉力量和肌肉蛋白紧密相关。肌纤维增粗必须依靠肌肉中蛋白质含量的增加，而肌蛋白数量的增加，表现为肌肉壮大；肌肉力量的增加取决于肌肉收缩蛋白的数量和性能。

蛋白质对体内的物质代谢有着十分重要的作用。如果蛋白质长期供给不足，对处在长身体时期的青少年，肌体将发生蛋白质缺乏症，表现为酶的活性降低和机能减弱、球蛋白减少、抵抗力下降、因血浆蛋白浓度下降而出现的浮肿等；妇女则可能发生月经紊乱等。但过多摄入蛋白质对身体也有害，它在代谢和排泄中会增加肝脏和肾脏负担，尤其在膳食热量不足时。这种危害作用更大。

（二）微量营养素

微量营养素有两种，分别是维生素和矿物质。

1. 维生素

维生素是人体进行正常生命活动的必需品，是一种低分子有机化合物。它既不构成组织，也不供给热量，但它是人体代谢所必需的物质。它能调节肌体的正常代谢，长期缺乏维生素可导致夜盲症、佝偻病、脚气病、舌炎等维生素缺乏症，缺乏的原因往往是摄入不足、食物中含量不足或贮存不善、烹调不当的结果。维生素缺乏可使劳动效率、免疫力、抵抗力下降，常常表现为混合性的缺乏症状。

维生素种类较多，可分为脂溶性和水溶性两大类。

2. 矿物质

人体是由一定的（20余种）化学元素组成，其中占体重的95％是由碳、氢、氧、氮组成的水和有机物，其他的营养元素是无机盐（矿物质）如钙、磷、镁、钠、钾、氯、硫等元素，约占无机盐总量的60％～70％。其他如铁、碘、铜、锌、硒、锰、钴、铬、钼、氟、镍、硅等为微量元素。体内缺乏矿物质就会发生各种疾病。

二、热能平衡与能量供应系统

（一）热能平衡

人体能量代谢包括基础代谢，劳动消耗和食物的特殊动力作用。它受运动强度、营养条件、环境因素、生理状态、病理情况的影响。

膳食中产生热量的营养素是糖类、脂肪、蛋白质。我国饮食的主要热源是糖类，占热量的 60%～70%，脂肪 17%～20%，蛋白质 13%～14%。

长期供热不足，肌体则动用体内贮存的糖、脂肪和蛋白质，导致发生饮食营养不良，出现一系列症状。而且，易发生传染病，影响健康和工作效率。

热能摄入过多，过剩部分在体内积存，可以转变为脂肪沉积而导致肥胖，且易发生高血压、冠心病、脂肪肝、糖尿病、胆石症、痛风等。因此，中老年人必须适当控制饮食，保持热能平衡，防止热能过剩而致病。

（二）健美操运动的能量供应系统

健美操运动能量供应系统因有氧运动的强度和形式而异。时间较长、强度较小的运动是有氧运动，由有氧代谢系统供给能量；时间较短、强度较高、难度较大的健美操运动是无氧运动，由无氧运动系统提供能量。

简而言之，人体供能的方式依赖氧气需求与氧气吸入量的关系。当氧气摄入量满足氧气需求时，身体进行有氧代谢。当氧摄入量不满足氧的需求时，它的缺乏部分依赖无氧代谢的能量。有氧和无氧水平的代谢变化依赖氧气的摄入量是否满足氧气的需求量，两种能量供应是不可分割的，但比率是不同的。通过运动，不仅可以提高人体的身体素质，而且可以提高人体的功能潜力，在运动过程中减少能量的消耗。

三、健美操的膳食营养

（一）健美操运动的健康营养

1. 营养的生理机能

营养可从神经和体液两个方面影响人体机能。体液调节的生理功能是通过体内液体中的激素、酶、矿物质和维生素的调节来达到的。矿物质和维生素需要直接从食物中提取。激素和酶需要一些物质进行合成。这些物质也需要从食物中获得。因此，由营养调节的体液的质量对身体素质影响很大，如蛋白质质量会影响血液和肝脏中的酶活性，脂肪会影响雌激素等。因此，合理的饮食必须符合身体的个人成长和身体状况的特点，包括各种营养需求，都需要摄取适当的量，不能过多也不能过少，能完全满足身体的需要就行了，所摄取的能量能够正常促进身体健康和体能的发展。这样的饮食叫作均衡饮食。食物的摄取是人类的本能，食物的适当摄取是科学的。科学饮食，充分发挥食品的营养作用，让营养足够维持正常的生命活动，这是合理的营养要求。

2. 平衡膳食营养

为满足生存的需要，人体摄入的营养物质既不能太多也不能太少，只要保证正常代谢活动的进行就行了，对于糖、蛋白质、脂肪的摄入需要根据运动员的身体状况和能量的消耗量来安排。

对于食物的选择，专家给出了一些合理的建议，他们认为应当从膳食营养金字塔表中选择食物，各种营养均衡摄人，摄入的食物中包括豆类、粮食和坚果，水果和蔬菜，家禽、鱼、肉和蛋、奶制品。

（二）健美操锻炼的特殊营养

健美操运动对于能量的消耗是很多的，所以在营养补充上应该及时。在进行健美操运动时，肌肉糖原消耗增加，蛋白质分解会使氨基酸变成葡萄糖，这时有氧运动的增多就需要靠脂肪的分解功能了，因此参加有氧运动的人需要更多的营养。为了使运动员的血红蛋白和呼吸酶保持较多的含量，必须提供更多的蛋白质、铁 B_2 和维生素 C。在健美操运动中，为了加强肝脏的脂肪代谢，可食用蛋氨酸含量较多的牛奶和奶酪。为了增加肌糖原含量以提高运动能力，可采用"肌糖原填充法"。

健美操运动参与者应注意力量强度的营养特征。运动的强度需要一定的肌肉力量和爆发力，对于热量的消耗是非常多的。为了使肌肉组织增多，可多食用蛋白质和维生素含量较高的食物，尤其在早期的练习中提供足够的蛋白质，这样肌肉群变多了，力量强度也增大了。蛋白质的供应应该增加到每公斤体重两克以上，起热量百分比可达18％左右，其中优质蛋白质不低于三分之一。

参加健美操锻炼的人由于处在运动状态下，因此需要一些特殊的膳食补充，特别是大强度运动时，应注意补充多种维生素、铁和钙等。

（三）健美操训练营养的选择

1. 选择高生物价值的食品

高生物价值食品是由天然食物或其组成成分专门制成的混合食品，该食品含有丰富的维生素、矿物质和其他有益物质。高生物价值食品能在不同的运动锻炼时期对新陈代谢产生不同的影响。自然界本身产生了不少有高发生物价值和食用价值的食品，如：蜂蜜、蜂乳、蜂胶、花粉等被公认为高生物价值食品之冠。最常见的高生物价值食品还是牛奶和外皮含有蛋白质——卵磷脂综合物的奶制品。这种奶制品的外皮能覆盖奶油的脂肪球，其基本物质有积极的生物作用，它可以分解脂肪，并能使体内胆固醇交换正常化。

从事健美操锻炼时，由于锻炼（尤其是新学员）的强度、时间、次数以及不严格的膳食制度，容易使胃肠道没有时间去对食物进行正常的同化作用，也不能充分供应人体组织器官所必需的营养物质，在这种情况下新陈代谢受到破坏，导致体能和协调能力恢复速度降低，从而影响肌体的工作能力，妨碍锻炼效果。因此，食用高生物价值食品的必要性是毋庸置疑。这已经被圣彼得堡体育大学文化科研所和医学科学院食物研究所的专家们多年研究充分证明。

在健美操锻炼中利用高生物价值食品有以下作用：加速锻炼后身体的恢复过程；调节

体温和水分、盐分的交换；改善人体质量（降低脂肪总含量）；合成代谢锻炼阶段有目的地发展肌肉；分解代谢锻炼阶段减少日进餐的总数量；根据锻炼目的彻底改变日进餐表的针对方向。

2. 选择能促进脂肪被调动和利用的食物

在健美操锻炼中的大部分人是需要同多余体重做斗争的人，他们所面临的共同问题是：减少多余脂肪数量或减少多余肌肉数量（形体训练）。因此，要选择那些依据自身食物价值和化学组成特点能最大限量地促进自身体内脂肪被充分调动和利用的食物，主要包括：各种蔬菜、绿色食品、菜根、草类食物、水果和浆果。这些食物的特点是富含纤维素、果胶物质、大量维生素、宏量和微量元素、水、有机酸植物杀菌素等，它们都为新陈代谢创造有利条件，以达到分解脂肪的目的。

黄豆和豆制品蛋白质含量多，营养价值高，尤其是豆腐和豆浆、蛋白质的吸收、利用率更高。在动物蛋白供给不足时，豆制品是较理想的植物蛋白质。乳渣和鱼能帮助身体消耗多余的脂肪，乳渣是靠自己独特的氨基酸分子式，鱼是靠其含有宝贵生物价值的脂肪酸达到这一目的的。

四、健美操训练与卫生

（一）健美操与个人卫生

1. 健美操与生理卫生

（1）经期卫生

月经期一般没有任何特殊症状，但由于盆腔淤塞和子宫血液循环加快，有些人会感到腹胀、腰痛、乳房和手胀痛、食欲不好等。然而，由于体育活动可以提高人体的功能水平，提高人的身体素质，改善血液循环系统的功能，当月经期间，进行适当的运动可以使腹部肌肉和盆底肌肉的收缩和松弛更加灵活，对子宫排出经血时更加有帮助。而且，在音乐的氛围中，可以调节中枢神经系统，转移注意力，减缓对不良症状的反应。所以，不必对女子经期进行运动提出种种不适当的限制，但是也不能忽视经期的特殊性，需要一些特殊措施。

①当月经刚来的前一两天不要进行太大强度的运动，而且运动的时间要短，如果运动强度过大，容易造成月经失调。

②月经来的时候不能进行剧烈的运动，尤其是腹部震动强烈的运动是最不适宜进行的，像高度的跳跃、仰卧起坐等都是不宜进行的运动。

（2）饮食卫生

健美操的运动不能在刚进食以后进行，一般是进食 1.5～2.5 小时才可进行，太早不利于食物的消化吸收，增加胃部负担。一方面，如果在胃部食物充盈的状况下进行健美操运动，鼓胀的胃部将横膈膜向上推，胸腔体积缩小，影响呼吸系统的正常工作，从而会改变运动系统的能量供应形式；另一方面，在运动的过程中，消化系统的血液供应相对减少，会导致胃部一些不适症状的出现，从而影响锻炼的效果。

还要注意的一点是：在健美操运动超过 30 分钟之前，不要进食，一般都是在运动过后半小时后再进食。这是因为只有弱碱性体液才能保持人体健康。当经过高强度的健美操运动以后，身体内部积累大量乳酸，感觉肌肉、关节疼痛，这是乳酸和其他酸性物质积累的结果。这个时候，立即进食，如果选择吃酸性物质丰富的肉、蛋、鱼等，会使身体更酸，不利于缓解疲劳。因此，在运动后，人们应该吃水果、蔬菜、豆制品和其他碱性食物，维持身体 pH 值的基本平衡，尽快消除运动带来的疲劳，保持人体健康。

（3）饮水卫生

健身性健美操是一种减肥的方法，因此，有人认为在运动中摄入任何物质无疑都是在抵消减肥的效果，甚至在堆积脂肪。但是，他们却没有意识到：对于运动的人体来说，水具有的体温调节和物质运输这两项功能显得尤为重要。运动前没有充分地饮水，运动中又不注意补水，就会造成脱水，脱水的程度还会随着运动时间的延长而加重。脱水会造成四大危害。

对于人类运动来说，温度调节和物质运输的两个功能尤为重要，要想维持这两个功能的正常进行，需要水来调节。运动前没有喝足够的水，运动时不注意补充水分，可能造成的后果就是脱水。运动时间越长，脱水程度越严重。脱水会造成四个主要危害。

①心脏负担过重，脱水时，心脏跳动时的供血量变少，但是为了满足肌体的供血需要，心脏会快速地跳动，不利于心脏功能的维持。

②脱水时，肌肉收缩产生的热量不能随水分的挥发而散热，在体内积累过多导致体温升高加快。

③脱水时，体内正常的新陈代谢等生命活动受到阻碍，无法维持正常的氧气和营养的供应。

④脱水时，肌体的整个代谢系统都受到了影响，一些代谢废物不能及时地排出体外。

当运动过程中出现脱水的情况，会导致运动疲劳的提前出现，且运动结束后也不能快速地恢复，身体的疲劳感时间增长，这样的话就达不到提高身体素质的目的，反而对身体健康有害。由此可见，补水对运动中的人体更为重要。

因此，一般在运动前 10～15 分钟，可饮 400～600 毫升的水，增加运动前的水储备；在运动中每 15～20 分钟，应饮 100～150 毫升的水，少量多次。

（二）健美操与仪表卫生

1. 皮肤卫生

在健美操运动前，最好不要上彩妆，因为运动中的汗水会将彩妆糊成一片。更为重要的是，当运动量过大，出汗时毛孔张开，那么一些彩妆成分会随着毛孔进入皮肤内堵塞毛孔，汗水无法顺利排出而造成粉刺，所以应保持皮肤的通透性。

在健美操运动后，要用温水沐浴，除了清洁皮肤还能缓解身体疲劳，但是要注意水温不要过低，以免感冒。

2. 服饰卫生

在进行健身性健美操运动之前，应摘除所有的饰物，以免在运动中伤害到自己或者丢失。同时，在跳健美操时，应把头发固定好，当运动强度过大，出汗很多时，如果头发蓬乱，汗水随着头发进入眼睛，可能引发炎症。

在选择运动服装上，首先，服装的面料、质地要舒适，并且具有一定的弹性，在运动幅度过大时，不会限制动作的展开，便于动作的舒展；其次，最好选择吸水性较好的纯棉面料，在大量出汗时，有利于吸汗，然后汗水随着挥发，不会造成毛孔堵塞；最后，服装色泽要鲜艳，充分调动练习者的表现力，使动作更具活力。

鞋子的选择应该符合这两点要求：（1）鞋身不宜太软，可采用半高筒式，以固定脚踝；（2）健美操的运动部位着重在下肢，所以要特别留意鞋面材质的通风性。

（三）健美操与环境卫生

在自然而优美的环境中进行健美操锻炼，它可以使练习者心情舒畅，产生锻炼的欲望。健美操的场地不仅要考虑其实用性、功能性，更要将安全性、舒适性摆到首位。

健美操场地的地面材质应是木质材料的地板，场地的高度应不低于 2.7 米。如果低于这个高度，一方面空间上造成压迫感，使练习者感到压抑，减弱了健身性健美操的健心功效；另一方面范围狭小阻碍空气流通，使练习者呼吸不畅通，影响了健身性健美操的健身功效。同时，光线应明亮、柔和、不眩目。

第四章　健美操的创编与音乐

健美操是一项综合性很强的运动。成套健美操动作都是相关人员通过辛苦努力创编出来的，而健美操也离不开音乐，健美操运动的音乐也是经过选配和制作才得以应用的。本章主要对健美操的创编和音乐进行深入研究与分析。

第一节　健美操创编的要素与依据

一、健美操创编的要素

所有成套的健美操动作都由一些基本的要素构成。从构成动作的外部表现来看，包括完成的动作和伴奏的音乐；从成套动作存在的载体来看，主要包括空间和时间。健美操的创编是将所有要素通过动作展现出来，要求动作表现得热情、奔放、有活力；每个动作之间衔接巧妙、流畅；动作组合连贯、新颖；音乐选择有韵律、有节奏。健美操创编有以下几个要素。

（一）动作要素

动作形式包含动作的节奏、动作的起止路线、动作的力度。动作的多种运动形式之间存在内在的统一。健美操的基本动作对动作的轮廓有了界定，赋予动作外形和过程。动作形式间的相互转换以一种动作形式衍生出另一种动作形式，体现出起伏、流畅和协调，表现一种藏于身体内准备用动作形式表现的欲望。动作形式间的转换，以身体运动的连续表现出的美感和后继动作的节奏实现前后呼应，在情感与动作形式的充分融合后体现出美感。

（二）音乐要素

音乐伴奏是健美操运动中不可或缺的要素。它与动作相互配合，相互促进，形成一个完美的整体。音乐在健美操中不仅是一种节奏或音符，而且是有重要意义的构成要素。一方面它对于动作的编排起着组织、串联的指导作用；另一方面对整体动作的气氛起到渲染和烘托的作用，抒发出情感，表现出风格，有助于练习者展现出个人的魅力。通过乐曲的渲染、烘托，动作变得更加生动活泼，更具有艺术表现和审美情趣。

（三）空间要素

进行健美操运动的场地有很多种，比如室内的健身房、舞台、室外的操场、公园等，这决定了健美操会受空间条件的制约。如在健身房、公园进行的健身健美操和在舞台进行的表演健美操，在动作幅度和队形变化上受场地限制。健美操动作的空间特征主要表现在表演者方向的确定，路线和空间层次的选择和应用，以及集体队形的变化等方面。

二、健美操创编的依据

（一）依据练习者的基本特征

健美操是一项参与性较强的体育运动项目，具有老少皆宜的特点。所以，在健身健美操的创编过程中要考虑到不同年龄群体的特征，对练习强度、感受能力、表现能力等方面区别对待，做到有的放矢，考虑到所有人群。在创编风格、技术难度、负荷大小等方面因人而异，这样锻炼才会收到效果。

1. 练习者的年龄特征

人有不同的年龄阶段，各阶段中的生理、心理具有显著差异，因此，在健身健美操的创编也有很大的区别。

（1）儿童少年

儿童少年蓓蕾初开，处于最天真、最烂漫的时期，因此，为他们创编突出活泼、向上的特点，动作力度、身体负荷不可太大。儿童健美操动作具有自然、轻松、欢快、易于模仿，可多一些活跃性、趣味性较强的动作，配以儿童喜欢的歌谣、音乐等作为伴奏，充分发挥少年儿童爱表现、爱模仿的特点，反映出小孩的天性。

（2）青年人

青年人正值青春，是人生最美好的时光，他们体力充沛、精力旺盛、身体素质处于最好时期，可选择动作幅度大、速度快、力度强、富有韵律的动作，配以节奏强劲、动感十足的音乐，以突出青年的奔放与激情。

（3）中老年人

中老年人适合进行简单、安全、舒展的动作，力量和速度都不可太强。既要突出稳重大方，又要让他们展现出活力，感到"越活越年轻"，对生活充满向往，在音乐选择上注重更平缓的乐曲。

2. 练习者的性别特征

健美操向外界展示的是人体的力、美、健。因为人具有性别差异，因此美的表现方式完全不同。男性力量更足，创编时要在选择和设计上着重表现男子的阳刚之气，表现出豪迈洒脱的动作造型。女性具有阴柔之美，女性的柔韧性、敏捷性更好，在编排上可多一些舒展、柔美的动作，多采用舞蹈性动作，展示女性矫健的身姿。

3. 练习者的身体状况特征

健美操的主要特征之一是健身性，发展人类的基本运动素质，创编健美操应该在安全的前提下，表现出健美操的健身性。因此，创编健美操应依据练习者的身体条件，充分考虑其自身的综合因素，根据练习者身体的协调性、灵活性、柔韧性、节奏感等能力，同时考虑练习者的身体健康状况特征，有针对性地创编负荷量合适、动作难度适宜的套路，追求健身的实效性。

（二）依据场地、设施的环境条件

健美操的创编除了考虑练习者个人情况外，还应该把健美操健身、比赛或表演的场地、设施等环境条件作为依据。健美操在室内、室外都能进行，一般来说，场地、设施较好时，可以创编难度稍大些和较为复杂的健身健美操；而设施条件较差，则需要降低健身健美操的难度，防止意外事故发生。另外，健美操的表演或比赛的人数没有太多限制，从几人到几百人，甚至上千人一起做。因此，随着人数多少的不同，场地、设施的变化，健美操的创编要根据场地条件及时调整，使健美操的创编与场地、设施等环境条件达到最佳结合。

（三）依据健美操基本技术的特点

健美操动作是以身体各关节的灵活性、肌肉的弹性、韧带的伸展性为基础，在身体各部位参与下进行的，严格意义上说是在身体标准姿态控制技术基础上的有节奏的弹动技术。健美操运动不断深入发展，健美操不断借鉴和吸收其他项目的优点，技术发展日渐成熟，越来越符合大众的健身需求。健美操运动的特点包括身体节律性弹性特点、身体姿态的控制性特点、身体的协调性特点，还派生出力度特点、重心移动等特点。健美操的创编要结合这些特点，使练习者在健美操的练习中遵循项目的技术特点进行练习，充分体会到健美操的魅力。

1. 身体节律性弹性特点

健美操在运动过程中自始至终保持着明确的动作节奏感，体现在过程中的重心上下起伏，动作节奏始终与音乐节奏吻合，通过髋、膝、踝的弹动完成动作。健美操动作的显著特征之一是弹性，包括身体各关节的屈伸和缓冲弹性，身体各部分肌肉的屈伸弹性；其比较重要的是身体各关节的屈伸。各个关节的正确屈伸有助于缓冲压力，放松神经，协调肌肉运动，避免动作僵化导致身体受到伤害。另外，身体各部位的弹性也使健美操动作表现出动感活力。健美操创编应该依据健美操的弹性特点，使练习者在练习中充分体验健美操动作的独特魅力。在动作过程中，重心上下有节奏地起伏是动作流畅的前提。

2. 身体姿态的控制性特点

在健美操运动过程中，无论动作怎样复杂多变，整个身体要求始终控制在标准健康位置。这里的身体标准姿态的控制技术包括身体重心的正确位置，身体各关节的正确位置，身体各关节的正确屈伸，身体各部分肌肉的正确收缩与放松。正确的身体姿态的控制技术使练习者身体各部位协调运动，有助于练习者更加有效地锻炼，预防身体各关节屈伸过度、肌肉过于收缩或过于放松造成的伤害事故的发生，这就是健美操身体姿态的控制性特征。即便在长时间的复杂多变的步伐组合过程中或动作后，整个身体的标准姿态也不被破坏。通过对身体姿态的控制来体现动作的速度、幅度等，展现健身健美操的动作特点。体现健身健美操所特有的动作力度，并通过对身体姿态的控制来提高人体的体态美。健身健美操创编应该依据健美操身体姿态的控制技术特点。同时，优美的身体姿态会给人以美的享受，提高观赏性。因此，在健身健美操创编过程中，动作的创编应该充分考虑到身体姿态的控制技术特点，体现健身健美操的技术特点。

3. 身体的协调性特点

一套完整的健美操动作基本涉及全身的运动，几乎各大小关节及大小肌肉群都要参加运动。动作越复杂，单位动作速度就越快，变化的过程就越流畅，对练习者的要求就越高。为此，要让肌肉保持紧张与松弛的结合，需要关节屈伸动作的节奏和谐配合。健美操动作很多都是所有关节的运动，很少是单关节的局部运动，不仅有对称性动作，而且还有许多非对称的或依次完成的动作。所有动作都要求肌肉、关节协调配合完成，体现身体的协调能力。

4. 重心移动特点

健美操创编应该依据其动作的重心移动特点，要求身体重心移动平缓。在日常的练习中，如果重心移动幅度过大，速度过快，非但达不到锻炼效果，而且容易造成练习者出现关节、肌肉扭伤。因此，健美操创编应该注意健美操重心移动的特点。

第二节 健美操创编的原则与方法

一、健美操创编的原则

健美操成套动作的编排是一项复杂的工作，它涉及对象、目标、顺序、运动量与强度，艺术风格与难度等问题。不同类型的健美操既有共同遵循的规律又有各自的特点。

(一) 健美操创编的一般原则

1. 明确的目的性

把健美操创编成套，首先要明确创编的目的、任务。做操的目的有很多，如健身、矫形、减肥、保健等。有的健美操是为了培养身体姿态，有的是为了进行形体训练，有的是为了加强身体素质的发展，有的是为了健美，有的是为了预防颈椎病、肩周炎等某些疾病。根据这些不同的目的和任务，在创编上有不同要求。

2. 动作与音乐的统一性

音乐是健美操的灵魂，健美操如果没有好的音乐进行伴奏，那么就做不出健美操的节奏和韵律，体现不出美感。健美操的特点和风格是通过音乐的协调配合表现出来的，没有音乐是不行的。因此，动作的性质、节奏、风格以及练习者的情绪与音乐的旋律、风格必须融为一体，否则就显现不出艺术性。音乐节奏快慢与强弱、音调的优美和谐，能够关系到动作节奏的快慢、动作力度和幅度的大小、动作起伏及运动负荷的大小等。动作和音乐旋律协调一致，能够激发人练习的兴趣，体验到愉悦，享受到运动的魅力，就能通过健身达到陶冶情操、调节情绪的目的。

在选择健美操的音乐上，一般有三种情况。

第一种情况是先确定配乐，再按照音乐的节奏、特点、风格、音乐的段落来设计健美操的动作。

第二种情况是先创编好动作，再请相关人员谱写乐曲。相关的谱曲者可以根据成套动作的节奏、风格和高低起伏来配制乐曲，以达到理想的效果。

第三种情况是先编好动作，根据编好的动作选择现有的乐曲，可能出现动作与音乐旋律不尽相符的状况，因此，根据乐曲把其中不和谐的动作进行改进，尽量使动作与乐曲和谐一致。选用已有的音乐一般需要拼接，在拼接过程中保持乐曲的完整性，不能不分段落地任意切割。

3. 动作设计的创造性

健美操动作内容丰富多彩，创造的素材和灵感源于生活。在生活中看到和想到的动作，通过精心的加工能创造出新颖的、优美的、符合时代特点的全新动作。健美操动作需要不断创新保持不竭的动力，保持旺盛的生命力。

动作设计上要体现出健美操的特点，将体操与舞蹈动作结合起来再创造。现代健美操的每节动作多是以组合的形式出现，重点突出某个主要部位的运动。另外，可以将现有的一些动作素材通过改变开始姿势、动作方向、幅度、速度、节奏、路线等方法以及结合具体对象，改编成动作合理的、实效性较强的、新颖的、优美的动作。成套动作中，每个动作的衔接上也要有创造，衔接要巧妙，给人以流畅、完整的感觉。

4. 动作设计的艺术性

健美操既是一项锻炼身体的运动，也是一种艺术表现形式。因此，在单个动作设计上，要细腻、大气，力求使体操动作艺术化、舞蹈化、体操化，可以吸收现代舞、民族舞的动作，结合健美操的特点进行再创造，使动作"活而不乱""美而不花"，注意多方向、多角度、多层次地展开。整套动作的艺术处理上，要讲究抑、扬、顿、挫、起、承、转、合，注意动作的大小搭配、左右回旋、上下起伏和快慢交替。每个动作的连接不能太慢也不能太快，要留有余地，给集体队形变化留出时间和空间。

（二）健身健美操的创编原则

健美操动作的设计应优美、舒展、大方、健康、有活力，符合健美操的特点和练习者年龄的特点。只是把一些固有的动作进行串联是远远不够的，要注重健美操的本质与特点，在整套动作上的结构与时间、空间、运动方式、风格特点、音乐等因素有机结合。成套动作的运动类型与难度动作选择必须均衡，具体表现在以下两个方面。

一是类别数量的均衡，即在动作中尽可能地把动作的类别及数量进行恰当的安排，应根据目前动作的发展及练习者的特性而定，不是安排的难度越大越好。

二是结构上均衡，对成套动作中所有动作的前后安排得均衡，不能让某个动作出现太多次数，要表现出动作类型、方向、空间的变化。

1. 鲜明的针对性

根据参与者年龄、性别、兴趣爱好、运动能力、身体情况的特征，以及发展或改善身体某部分的需要，编制各种形式的健身健美操，是为了达到参与者某种需求，这就是针对性原则。创编健身健美操时首先要进行认真的调查研究，针对参与者的心理和生理特点及时间、场地、器材条件和练习对象的要求，全面考虑多种影响因素。

2. 全面安全、无损伤

在健美操创编的过程中，选择的内容要使人体各部位的关节、肌肉、韧带得到全面的发展，改善内脏的功能，应包括头颈、上肢、下肢、躯干各部位的动作。头颈动作应有头颈的前后屈、左右侧屈、左右转动、绕及绕环等动作，上肢动作应有肩、肘、腕、指各部位的屈、伸、举、振、摆、绕与绕环等动作，下肢动作应有髋、膝、踝、趾各部位的屈、伸、举、摆、绕、转、踢等动作，躯干动作应有胸、腰各部位的前后屈、左右侧屈、左右转动、绕与绕环等动作。

另外，可以采取选择走、跑、跳、转体、波浪、造型等多种多样的动作，促使身体得到均衡、全面的锻炼，同时还要保证动作的安全性，避免出现损伤。

3. 合理安排动作顺序

健身健美操的编排结构可分为以下几部分。

（1）准备动作

活动远离心脏的部位。如以踏步开始准备动作，然后加深呼吸或进行头颈活动，之后再进入主体部位的活动。要求是动作柔和、速度缓慢，在一开始为整体动作打好基础，做好身体和精神上的准备。

（2）基本动作

基本动作从头颈或上肢动作开始，再进行肩、胸、腰、髋和下肢等多关节部位的全身运动和跳跃运动。

（3）结束动作

结束动作是整套动作的收尾，一般应选择一些幅度大、速度缓慢、轻松自然的整理四肢和躯干的练习，使身体和心率尽快恢复到运动前的状态。

一般每套健美操动作由若干大节构成，每一大节侧重发展某一部位的任务，通过不同角度去影响身体的某一个部位，使该部位得到充分、全面的锻炼。如编排体转运动时，可采用站立、半蹲、出髋及变换上肢做转体运动；编排肩部运动时，可采用提肩、前后摆肩、肩部前后绕及绕环，配以不同的下肢动作，把肩部活动的每种做法组成一个小节，由若干小节构成一个大节。每套动作的节数和每节动作的重复次数，根据参与者的需求和特点来定，通常由 10～12 大节构成。

4. 合理安排运动负荷

编排健身健美操时，必须遵循人体的生理循环规律，运动负荷由小到大，心率变化由低到高，逐步、稳定地上升，体内代谢达到最高速率，之后速率开始降低，趋于稳定，直到运动结束。编排动作由易到难，速度由慢到快，强度由弱到强，循序渐进，当达到稳定负荷后持续一段时间，之后开始降低并逐渐减小，直到运动结束。

（三）竞技健美操的创编原则

竞技健美操在我国是一种独立的体育竞赛项目，发展得日趋成熟并与国际同步。竞技健美操的创编作为竞赛的先导环节，直接体现出运动员的竞技水平，直接关系到运动员的比赛成绩。在竞技健美操中，明确创编的指导思想、研究并遵循竞技健美操的创编原则是表现出竞争力、取得好成绩的因素之一。

1. 适应规则变化性原则

比赛规则是保证比赛公平的前提，所有参赛者都必须遵守它。比赛规则某种程度上是衡量动作编排及完成情况的标尺，能够评判整套动作艺术、完成、难度等各个方面的优劣；规则在某种意义上又是指南针，为动作创编者和参赛运动员指明了方向。因此研究并执行规则不仅是教练和运动员的职责，同时也是创编者进行动作创编的依据和原则。

竞技健美操自诞生以来发展、起步较晚，且中外各地区发展速度不一。我国自1987年举行第一届"长城"杯健美操邀请赛开始，至今已举办了多次竞技健美操的赛事。从最初只进行规定动作比赛，到现在直接采用国际规则，发展变化之快是十分惊人的。目前，国际上具有影响力的健美操国际组织不止一家，其制定的规则也各具特色。

1998年，健美操归属国组织——国际体操联合会在法国举行了第一届世界健美操锦标赛，这是第一次举办真正意义上的国际大型健美操赛事，此后该赛事每两年举办一届。

1994—1996年，竞技健美操有了新的要求，创编套路的时间为1分50秒至2分10秒，并取消了其他国际组织通用的规定动作，即4次俯卧撑、4次仰卧起坐、4次大踢腿，取而代之的是两个8拍组合动作与6大类难度动作。两个规定组合是一组对称动作，另一组由5个基本步伐、3个连接步伐的动作组合。6大类难度为静力性力量、动力性力量、平衡、跳跃、踢腿、柔韧。

1997—2000年，竞技健美操规则取消了对称及组合性动作，保留了6大类难度，发展为7个层次，对难度动作数量加以限制，一个成套中最多出现16个难度，以12个最高难度计分，除此之外对动作的连接、操化动作的运用、场地空间的运用、艺术性、创新与动作变化上也有详细的规定。

2001—2008年，竞技健美操规则又把6类难度合并为4类难度，具体难度如下：

A类：俯卧撑、倒地、旋腿与分切。

B类：支撑与水平。

C类：跳与跃。

D类：柔韧与平衡。

此外，还规定难度动作数量限制为12个，允许两次腾空成俯撑动作，地上动作不得超过6次，取消艺术加分等。在比赛过程中，对于整套动作的评判是以规则来进行的，因此，创编者在创编前首先必须明确的是要遵循规则、认真学习比赛规则，同时对规则中所规定的各项条款特定规则、补充规则的具体要求都能理解和掌握。全面了解规则和要求后，在编排上才会做到准确和严谨，才能在竞赛中取得成功。

2. 提高竞技性原则

竞技健美操作为一项竞技体育运动，最终目的是要通过比赛区分优劣，比赛能够检验运动员日常训练的效果，优秀的成绩和表现源自运动员平常刻苦的训练和练习。如何表现出运动员的竞争力，是成套动作的创编上需要注意的一个问题。

健美操在比赛中的特色在于身体姿态的控制技术基础上表现出有节奏、有韵律的弹动控制技术。这种技术的竞技特征表现为动作的难度与配合、动作形式的花样与连续性、身体负荷的高强度等。所有这些都是围绕体现运动员的身体素质（力量、耐力、速度、柔韧、灵敏、协调能力）、独特的吸引力（动作设计、动作表现及气质）、智慧（动作表现出的战略战术和不同层次）、心理素质（情绪和情感的表现）而进行比较的。对于这些所有的综合考量，直接反映出竞赛中运动员的竞技能力，因此，在编排中体现竞技健美操的竞技能力是创编中另一个重要的指导思想，也就是我们所说的竞技性原则。

竞技性原则在竞技健美操编排中的运用主要表现在如何提高运动强度，具体原理是竞技健美操体现着运动员的竞技能力，要想在比赛中取得较好的成绩就要编排出高强度的动作内容，从而体现出运动员的竞技能力。想要理解竞技性原则，首先要理解决定竞技健美操强度的因素，具体有以下内容。

（1）决定竞技健美操强度的因素

①动作频率。单位时间内完成动作的数量，以高速度完成动作，展示出完成复杂、快速动作的能力。

②动作速度。完成单个动作的时间快慢，展现出动作的力度。

③动作幅度。运动员大幅度完成动作的能力。

④耐力。在成套、没有间歇的动作中保持心血管系统运动强度的能力。

⑤抵抗重力的运动能力。腾空高度、爆发力，尤其是连续完成空中动作的能力。

以上各因素能直接影响和决定运动员的竞技能力。

（2）竞技性原则下健美操的创编要求

在编排整套动作时，考虑上述因素的同时，也要按以下要求创编。

①下肢步伐一直处于弹动状态，多采用高强度的步伐，如后踢腿跑、弹踢腿、开合跳等，也可采用这些步伐的变形步伐。

②上肢动作在一个8拍中必须出现一次极限的上肢伸展，即出现一次垂直方向的最高点。

③两只手臂都必须有相关动作，不能出现只活动一只手臂的动作。

④在成套动作中，不能出现没有动作的停顿，即使两拍也不能停下来。

⑤在成套动作中，必须出现至少一个8拍的动作节奏变化，也就是提高动作频率的编排。

⑥把比赛场地分为相应的几块区域，在提高竞技健美操强度的编排中，增加区域移动的编排。

⑦集体项目中，减少配合、托举动作前的准备动作。

⑧增加身体运动的方向、面和转体。

需要注意的是：必须清楚竞技健美操要求运动员完美完成每一个动作，因此，教练在编排过程中必须了解运动员的能力水平，宁愿采用运动员可以掌握和完成的、难度稍低的动作，也不要贸然采用运动员没有熟练掌握的高强度动作。

3. 针对性原则

（1）针对运动员的特点创编

创编者要根据运动员的特点创编出不同风格的健美操。每个运动员之间都有差异，除了个体上的差异，还有运动能力、身体素质、技术、动作习惯等方面的差异。所以，教练员在创编中应充分掌握运动员的个体特性及各方面的情况，并充分发掘每个人的潜力，考虑到每个人的特点去创编才会收到好的效果。例如有的运动员弹跳能力好，给其多安排一些跳跃性强、难度大的动作，令其充分展现优美的跳跃步伐、轻盈的空中姿态；对于柔韧性好的运动员，可以编排难度较大的劈叉、平衡、多方向的踢腿动作等，展示其舒展优美的肢体和矫健的身手；有的运动员力大无比，可以编排一些难度较高的俯卧撑、支撑等动作，表现出力量的刚劲之美。

（2）针对项目的特点创编

竞技健美操详细分类有男、女单人操，混合双人操，三人操，六人操五个项目。单人项目不用考虑配合和队形的问题，其动作语汇的丰富独创和特定动作设计的难度是创编的核心。而集体性项目创编要强调一致性和整体性，讲究整个队伍的对称或均衡，同步与配合动作的巧妙组合以及整套动作造型的全景效果。

4. 整体性原则

竞技健美操也像健身健美操一样以全面整体健身为根本目的，但在其创编中所坚持的全面整体性与健身健美操的要求是不一样的，它不一定按照由远而近、自上而下的顺序全面整体设计身体各部位的运动，而主要是全面发展人体整体的力量、柔韧、灵敏、耐力等身体素质。因此，在创编过程中，教练员必须考虑到在编排中如何更好地展示运动员整体的身体素质。整体性原则的运用在创编过程中主要表现为对难度动作的选择。

整体性原则是指在成套动作中，各类难度动作能够达到一种最佳组合状态，处于一种和谐与平衡，不让某一类难度过分地集中出现。事实上，每一类难度动作都体现着人体不同的身体素质，在挑选难度动作时，也应该考虑所选择难度动作组别的均衡性，以体现运动员整体的身体素质，使成套动作的难度动作数量比值基本与四个组别的比值接近。

5. 创新性原则

竞技健美操在竞争上越来越激烈，若想在群英荟萃的竞赛中脱颖而出，动作的新颖和独特是取胜的法宝。在某种意义上来讲，创新是竞技健美操发展的生命，没有创新，竞技健美操的发展就会停滞不前。竞技健美操的创新可以从多方面着手，比如动作的创新、队列的创新、连接的创新、音乐的创新等，所有创新中，动作的创新是基础，应受到教练员与运动员的重视。

创新性原则在创编中的体现是其编排的独特性。在创编一套动作前，首先要理解规则，掌握好方向和尺度，这样才会把握住健美操的艺术魅力。具体做法是选择一个主题或主要内容，如读书、欢聚等，在整套动作上要突出主题，让动作表达出中心思想和整体效果。但值得注意的是，主题也不能过多地展现，因为要取得好成绩，每个动作还是要为竞技能力服务，两三个动作体现出主题即可，也可在成套中反复出现同一主题，采取不同的动作，但以不超过三次为宜，与此同时，要使主题与其他因素有机地结合，体现出独特性。

音乐优美完整及独特的节奏和风格是展现动作与艺术性的动力。音乐是一种优美的表现形式，它可以为创编者提供创造的源泉，让创编者产生灵感。恰如其分地运用这些表现手段，能够突出艺术效果，让动作富有生命。在创编中应对音乐的结构、节奏、旋律、配器等诸多因素进行分析，找出音乐和动作的结合点，特殊的音响效果会给动作增加效果。在音乐的选择上必须有利于体现竞技健美操的竞技能力。因此，动作的创编中不能忽略音乐的作用。

国际规则关于艺术创造性有着"表演是与众不同的，独特的和非凡的"的表述，并在完全新颖的音乐和独特的动作时指出"当所有的因素被编排和融合一起时（动作设计表现力、音乐、配合），才能形成一套与众不同的独特的和令人难忘的成套动作。动作设计、健美操组合的编排、过渡动作、不同的队形，这些都是新颖的、与众不同的、不可预见的。并且通过运动员的动作和表现与音乐风格完美地结合起来，再加入一些以前无人做过的具有特殊感觉的小动作细节。在一套动作中可体现一个主题"，"动作设计、音乐、表现和服装都与主题密切联系。各种因素完美地结合在一起，使之具有独特的个性"。这三方面内容在创编中应有目的地综合使用，加大创新力度，成套动作才能不落俗套，与众不同，受到好评。

6. 艺术性原则

竞技健美操是以人体动作作为表现自己的手段，也是一种通过表情表达思想的艺术，以具体的、可视化的形象高度显示出人的灵巧、力量、智慧，显示出人的支配和创造的能力，同时也表现了人的思想感情和精神风貌。竞技健美操比赛中，运动员的内在精神气质和外在动作表现的统一体现出艺术表现水平，运动员通过面部表情，融合音乐，更好地体现动作的艺术美感和动作意境，征服观众和评委，体现艺术表现力。运动员通过自身的表现力及自身的形体动作来展示竞技健美操项目的艺术表现美，因此，艺术表现美是健美操运动员自信能力的体现，展现出人类各种优秀素质。

具体来说，竞技健美操的艺术表现美体现在各种动作能轻松完成，自信能力强，动作舒展优美，有力度、有节奏，动作与音乐紧密结合，充分表现动作的美感，充分体现其动作内涵，音乐韵味和个人的性格特征，充分地展示美，征服观众和评委，真正给在场所有人留下深刻印象，让大家得到美的体验。竞技健美操作为一种艺术性的体育竞赛项目，其对其艺术性独特的要求使它的创编更加复杂，更应该遵循艺术性原则。创编时首先要注重整体结构设计的艺术性，整体结构设计合理才能产生悦人的节奏感和张弛有序、高潮迭起的美感；其次，要注意音乐选配的艺术性，与健美操的结构相吻合的音乐往往能起到推波助澜、锦上添花的作用；最后，要注重队形动作设计的艺术性，选择更能体现出艺术美、动作美的队形，这样才能使整套操的风格更加鲜明、统一。

二、健美操创编的方法

健美操要体现出活力、动力、趣味和出众的动作表现，并发扬创新精神。动作设计、健美操组合的编排、过渡动作、变化队形是创编健美操的基本过程。当动作设计、表现力、音乐、空间变化、队友配合等因素全部融合时，才能形成一套与众不同、独具特色的整套动作。

(一) 健美操创编的基本步骤

1. 编制总体方案

根据创编的目的、任务、要求，了解练习者或运动员的相关情况、练习时间、场地等条件。确定健美操的风格、类别、长度、速度；构建基本架构，设计操的结构顺序；安排运动高潮的时间。

2. 动作的选择与确定

根据操的风格、类别，按照创编原则选择与确定单个动作和组合动作。

3. 音乐的选配、制作与剪辑

在音乐的选择和制作上也是健美操创编的重要一环。音乐的节奏与速度严格地控制着动作的节奏与速度，很大程度上也控制了运动强度。就速度与节奏而言，当时间固定时，节奏与动作越复杂、越快，运动强度越大，反之越小。音乐对动作风格起到指导作用，其风格受时代的变化、民族、地域、环境、创编者等因素影响，音乐与动作充分协调后，音乐才能有力地支撑起动作。

4. 练习与修正

练习整套动作的过程中，应该对整套健美操结构顺序的合理性、表现的艺术性进行检验，根据练习者和观看者的整体评价进行反思和改进。

5. 汇编成图、文字说明、视频

文字说明要简洁而准确，图解根据实际情况绘成详图、简图。也可以采用摄像、照片的计算机处理，刻录到光盘并备份到移动硬盘、网盘中，妥善保存。

（二）健身健美操的创编方法

1. 多向思维法

从多角度、多层面去思考问题，是健美操创编者要注意的。由于创造性思维需要产生不同寻常的思维结果，因此，它要求人们从单向思维转向多向思维，在逆向、侧向、发散等思维辐射和转移中寻找到新的设想。对多向思维能力的培养，应注意对某一问题的思考要从全局出发，提出多种思路。当思维在某一处受阻时，要改变思维的走向，当久久思考找不到思路时，可以把注意力转向其他方向，寻求新的启示，当运用通常的方法解决不了问题时，可考虑交换事物的条件、目标等因素，从不同的途径去解决问题。

2. 联想创新法

人要善于把一个事物的思维联系到另一个事物或几个事物的思维。创造性思维的本质在于发现原来以为没有联系的两个或几个事物之间的联系。因此，联想思维可为创造性思维进行引导和铺垫。知识水平越高，联想的广度和深度越大，也越容易产生新的联想，如联想能与边缘学科的知识有机结合，就会出现新思维。联想创新需要灵感，灵感思维是指突如其来的对事物的本质或规律的顿悟与理解，以及使问题得到解决的瞬间思维形式。捕捉灵感的能力是指具有将瞬间即逝的灵感思维紧紧抓住，并加工创造出新的设想和思维。它是通过紧张深入思考的探索之后产生的思维成果，具有突发性和瞬时性特征。灵感思维的出现人们往往没有心理准备，很容易稍纵即逝。所以，要及时记录下灵感思维的内容，保持思维热情并适时向纵深扩大思维成果。灵感的产生与艰苦积极的思维活动，丰富的知识经验等因素有关。

3. 录像分析法

录像分析是一种借鉴思路的创编方法，一般从他人的编排思路中吸取其精华，为自己的成套动作起到启发作用。运用录像分析法时，主要关注以下几个方面：

（1）成套结构

成套结构是指在参看比赛套路时主要参看成套动作与音乐结构的关系，即音乐段落与动作段落、音乐情绪与成套动作情绪以及音乐高潮与动作高潮是否能有机结合。

（2）难度分配

难度分配是指在参看套路和动作时主要参看成套动作中难度动作的分配规律。首先，是难度分值的分配；其次，是难度动作组别动作的选择；再次，要观看难度动作在成套动作中的位置。

（3）基本操化动作的连接

基本操化动作的连接是指在观看动作录像时，主要参看成套动作中基本操化动作的连接编排，仔细查看动作的连接处，一个动作的结束与下一个动作的开始是如何衔接的。

（4）过渡与连接动作的编排

过渡与连接动作的编排是指在参看比赛套路时主要参看过渡与连接动作的选择。新颖的连接动作会给人留下深的印象，同时烘托成套动作的主题表现。参考其他优秀的过渡与连接动作的编排会给自己提示和启发，使之能运用于自己成套动作的创编。

（5）托举与配合的创意

托举与配合的创意是指在参看比赛套路时主要参看成套动作中过渡与连接的特点，参看动作如何更好体现出音乐的风格。成套动作中托举与配合动作是最能体现成套构思、音乐主题的关键，因此，托举与配合动作的创意对成套动作的创编有非常重要的启发作用。

4. 三维动画辅助法

用电脑三维动画技术可以辅助教练员创编出健美操高质量高难度的动作，辅助运动员加快完成动作的定型，对创编动作在训练中和比赛中出现的问题进行及时的目标反馈、重构和完善，减少运动员在练习过程中的损耗，节省时间。

然而在实际的健美操训练中，创编动作的过程仅仅是在教练员和运动员的大脑中和身体上试验完成。运动员尝试练习动作时，始终存在主观与客观的因素，这直接影响了练习效果。这些因素的影响使教练员和运动员感到缺乏一个能够清晰、稳定、完整、快速的创编和演示动作的辅助工具，对动作进行定量化和形象化的理解。电脑三维动画技术创建出一个完整的动态模型，创建出虚拟的动作，进行试探、分析、评价、反馈、修改和确定等工作，可以减少创编环节中的消极因素，提高创编的效率和质量。运用电脑三维动画技术辅助创编是一个新思路和新方法，值得尝试。

创编动作是针对新的动作技术和新的比赛规则进行的，能够更加准确和细致地理解动作类型、等级、趋势或比赛规则，对运动员的比赛成绩来说是至关重要的。如果用电脑动画技术辅助解释比赛规则，就可以加快运动员对规则的理解。

绝大多数创编动作都是教练员、运动员根据原有动作的基础改进而来的。由于电脑数字编辑能够复制和拼接，方便教练员和运动员从现有动作创造出另一个新的动作。通过该方法，使动作的形象性、经验性更趋向于动作的专业性、多样性。所以，电脑动画有助于在原有动作的基础上方便地设计出变通的动作调整方案。

5. 基本组合法

基本组合法是指按照健美操动作编排原则和方法，将两个或两个以上独立的技术动作通过巧妙的结合或重组，形成新的技术动作或成套组合动作。健美操的动作组合既可以是同一类型动作变化为多个不同特色风格的动作，也可以是不同类型多个单独动作进行适当重组，最后完成成套动作的编排。

健美操动作创新组合不是简单的动作技术堆积，更不是七拼八凑，而是要形成形式多样、技术独特、动作新颖、结构合理并与音乐相辅相成，创造出新的动作组合，这对教练员组合创新思维能力提出了更高的要求。

第三节　健美操音乐的选配与制作

一、健美操音乐的选配

健美操音乐的选择和制作首先应符合健美操的特点，即节奏鲜明、热烈并具有蓬勃的朝气；其次，要根据创编的目的选择音乐的风格，音乐可以突出个性并对锻炼者起到带动作用；再次，可以根据成套的结构或具体要求确定音乐的长短起伏，或根据音乐的长短起伏来确定成套的结构与动作。

（一）健美操的配乐方式

健美操配乐方式大体上有以下三种。

1. 先编排好成套动作，根据成套动作的结构进行音乐构思，结合健美操项目特点和练习者自身的特点创作乐曲。这种专门谱曲的形式，对教师和谱曲者的专业知识和艺术创造能力的要求比较高，且花费的时间和精力都很大，所以很少使用这种方式。

2. 先确定动作素材，构思成套风格，再寻找合适的音乐，根据需要对音乐进行剪辑和加工，再把动作素材与音乐有机地结合起来。

3. 先选择、编辑好主体音乐，再根据音乐的结构、风格特点，在了解和熟悉音乐的基础上编排动作，最后修改完善音乐与动作细节上的配合。

第二种和第三种方式是普遍采取的配乐方式，但创编者在音乐的选择、音乐与动作的配合和音乐的制作水平上也是大相径庭。

（二）音乐选配要素

1. 结合练习者及项目特点

练习者的气质特点对运动能力的发挥起到一定的作用，它是影响个体速度、强度、灵活性等方面的动力性的心理特征。练习者的气质不同，完成动作的情况也不同，应根据其气质的特点选择、编辑音乐，而且要体现出他们的技术能力和表现能力。对于相关的初学者，采用过于复杂的音乐只会暴露他们的缺点。同时还应考虑音乐是否符合练习者的年龄、体形、容貌、气质、技术特点等各方面的因素。

2. 整体风格特色突出

乐曲受时代、民族区域、环境、作者风格等因素的影响，会产生多种多样的类型和风格。不管什么风格应当考虑其与动作的配合和被大众所接受的程度。一套动作的音乐可以在多种曲目中进行择取和拼接，但必须考虑音乐的整体效果，达到统一的效果。一段新颖别致的动作，并不一定完全是靠动作本身体现的，而是音乐将动作的美烘托出来。因此，在编排音乐时，可以通过改变音乐节奏、转换乐器等方法使音乐与动作相互协调统一。健美操音乐的风格基本是迪斯科、摇滚、爵士乐、舞曲等，但这些也会暴露出重复、杂乱、过于刺激、艺术性不强等缺点。近年来出现了一些以民族民间乐曲、古典乐、交响乐、通俗流行歌曲、电影戏曲配乐等为题材编排的健美操音乐，它新颖独特，在情绪风格表现上更能引起观众的共鸣。

3. 结构层次清楚

健美操音乐要在有限的时间内塑造出有鲜明特性的音乐形象，具有简练、灵活、自由和多变的结构特征，但是结构一般都是由开始、发展和结束部分组成。音乐的开头段就是一场戏的开局，但要在极短的时间内给人以强烈的感受和鲜明的视、听觉冲击力，因此，选曲要明确、简练和精致，以达到短时间内吸引大家目光的艺术效果；发展段是整套音乐的精华部分，体现出音乐的内容风格和思想情感；音乐结尾段可表现为首尾呼应，呼应主题或形成高潮后突然静止的宁静之美，它是整个表演的总结概括和印象的完结，使音乐形象更丰满、充实和完美，让人回味无穷。音乐像语言一样，符合对称规律，更形成清晰的句法。当我们决定取舍音乐的某一部分时，不能破坏音乐的基本结构形式，而是利用它为我们的目的服务。

4. 过渡衔接自然流畅

乐曲经过拼接后，还须衔接起来使其完整，在其接口处不能存在明显的痕迹或不顺畅的感觉。接口音调要吻合，要符合乐理，乐段、乐句之间的衔接转换、乐节和节拍之间的衔接更应精确地处理。不同曲目进行剪辑会出现不同的节拍速度，需要先调整音乐速度再进行衔接。乐曲的开头和结尾往往采用不同乐曲，有时节奏不够鲜明，这时应处理好前后速度的一致和旋律转换的融洽与通顺，在接口处不能让人感觉有明显的格调转换。

5. 特效运用恰当

健美操配乐中，有一种常见的手法就是在音乐中加入一些和谐的特效音，通过这种手法能增强健美操动作的节奏感，把细节变得更生动、形象，让动作表达得更动感，达到视觉和听觉上的冲击效果。特效有一定的夸张效果，音乐特效的加入应与整首音乐风格相融洽。特效出现的时机必须恰到好处地配合动作和表现，要有明确的目的。音乐与动作的配合能给观众以自然的联想，音量的处理要适度，若要达到震撼的效果，音量可稍大。

6. 节拍速度合适

健美操音乐节拍明快、清晰，速度较快，每分钟为 150～170 拍。结合健美操的相关规定，音乐速度始终一致，并且至少应有一个 8 拍体现动作的节奏变化。音乐的节奏与速度，严格地控制着动作的节奏与速度，因此也在控制着动作的强度。一般一套健美操的时间是相对固定的，而动作强度却各不相同。动作强度是评定锻炼效果高低和练习者能力的一项指标，假如为了追求快节奏而忽视练习者的运动能力，结果会使练习者动作的力度、幅度、技术等受到明显的影响，从而影响整套操的完成质量。节拍太慢同样会减弱动作的力度和活跃性，难以发挥出好的水平。确定音乐的节拍速度一定要根据练习者的训练水平和自身条件来定。

二、健美操音乐的制作

(一) 健美操音乐编辑的原理及素材

1. 数字化音频

对于健美操音乐的制作，对于各种相关的声源，如麦克风、CD 等所产生的音频信息完全可以进行数字化处理。音频的数字化过程包括采样和量化两个过程。数字化音频是一种采样和取样的过程，实现对连续的声音信号进行采样，过程是每隔一段时间读一次声音的幅度，进行量化的操作。量化是将采样得到的在时间上连续的信号，通常为反映某一瞬间声波幅度的电压值的数字化的过程，使其变成在时间上不连续的信号序列，即通常的 A/D 转换。

2. 数字化音频文件的格式及来源

(1) wav 文件

wav 文件是微软 Windows 系统中一种声音文件的格式，用于保存 Windows 信息平台的音频信息资源，为系统及其应用程序所支持。由于波形文件是数字化的音频信号，因此，计算机可以很方便地对其进行处理和播放，可以轻松地加快或放慢播放速度，将声音重新组合或剪切成一段进行单独处理，这些通过 Windows 中所带的"录音机"程序就可以很方便地实现。波形文件的缺点主要是其产生的文件太大，如果保存时间长的声音需要长时间的下载或拷贝的时间，故在实际的多媒体课件制作及其他应用时，要进行压缩处理。

(2) midi 文件

midi 音频是计算机中产生声音的另一种途径，可以满足长时间播放音乐的需要。与波形文件不同的是，midi 文件并不对音乐进行采样，而是把每个音符记录成一个数字，并且

midi 标准规定了各种音调的混合及发音，只要通过输出装置就可以将这些数字重新合成为音乐。midi 文件的播放效果取决于声卡上的合成芯片的性能。如果使用波表合成功能的声卡播放该文件，则会使 midi 音乐的音质提高到接近 CD 唱片的音质。

（3）MP3 文件

MP3 指的是 mpeg 标准中的音频部分，也就是 mpeg 音频层。mpeg 文件的压缩是一种有损压缩，根据压缩质量和编码处理的不同分为 3 层，分别有 MP1、MP2 和 MP3 这三种声音文件，相同时间的 MP3 文件要比 wav 文件小，但保真效果相对差一些。

（4）wma 文件

wma 格式也是一种数字音乐格式，在压缩率和音质上都要好于 MP3。

（5）CD 音频

CD 音频是一种数字化声音，以 16 位量化级、44.1 赫兹采样频率的立体声储存，可完全重现原始声音，每片 CD 唱片能记录约 74 分钟的音乐节目。健美操音乐中通常是以 CD 格式记载。

（二）健美操音乐的数字化编辑方法

1. 拿来主义

直接用现成的、已经制作好的音乐，从一些迪斯科、爵士乐、摇滚乐和民族音乐中，根据动作时间，直接选用或简单截取自己所需要的音乐，且不需要任何改动，这就是"拿来主义"。这种方法一般是先选择音乐，再根据选择的音乐来编排动作。该种方法在很大程度上限制了健美操动作的编排并且影响到健美操动作与音乐的融合。

2. 通过软件进行数字化编辑和效果处理

国内和国外的音频处理软件主要有 Easy CD-DA Extractor，Exaot Audio Copy，MP3 Home Sutdio，Acid Wav 等。每个软件都有自身特点，可根据需要选择。常用制作与合成的方法有复制、粘贴、剪切、删除、插入、变速、混合等。

收集或制作的声音不一定与动作协调一致，还得对声音文件进行整理，一般成套音乐开头可采用 10 秒的慢拍或造型变化，以突出风格特点；中间每部分或小的阶段要体现起伏跌宕的节奏变化。

如果是经过剪接，则剪接处前后乐曲的旋律要出在同样的节奏上，并有一定的连贯性，在结尾处要保持音乐的完整性，避免影响结束动作的生硬与僵化。对音乐进行效果处理，使音乐的音量、节奏、速度与动作的节奏、速度更好地协调吻合，调节立体声，增加环绕效果，使音乐有力地支撑起动作。

3. 自己创编音乐

可以根据编排的动作，通过鼓点生成器或直接编写五线谱的音乐编辑软件直接创作音乐。专业制作与合成方法有编辑节拍、调号、音符、输入和弦编写五线谱等。可以完全根据动作的需要、自己的风格创编音乐，使音乐与动作融为一体，这需要相关创编者有很高深的音乐乐理水平，一般的健美操老师很难掌握，需要请教音乐老师。

4. 文件的保存与输出

在计算机上做好了健美操的音乐，应当保存为 wav 格式，也就是标准的 CD 格式，也是我们所使用的大多数刻录软件所支持的格式，最后将 wav 刻录成 CD 光盘，有利于使用和保存。

第四节　音乐与健美操教学的有效互动

一、健美操与音乐的内在联系

（一）身体形态与自信心

自信心是舞台表现的精神支柱，对健美操的动作具有强化和渗透的作用。自信心的提高，在身体形态上表现为面部表情富有自信、目光中充满自信、动作准确的自信等，而不同身体形态条件的学生，有着不同程度的自信心。比如说，身体形态更好的练习者更乐于表现自己；反之，身体形态稍差的练习者则缺乏表现自我的信心和勇气。富有激情的音乐能给练习者增添信心和勇气，从而把动作表现得更到位，表演效果和质量随之提高，同时，音乐的感染力也会随着练习者信心的提升而体现，二者相得益彰、相辅相成。

（二）动作力度与空间位置感

力与美的结合是健美操动作表现的突出特点。无力不为健，力道过于刚劲则不美，只有在不断变化的动作中，适时、适度地展示力量，才能感到健美。练习者对动作力度的驾驭建立在动作空间位置感基础之上，把握最佳表现的空间位置，也是衡量其健美操艺术表现力的重要标准。健美操一般是在群体的配合下进行的，同伴在动作表现时，肢体动作不是处在相对固定的位置上，而是在一定范围空间内活动。这要求练习者能把握动作节奏，并使动作节奏符合力量美的特殊要求。音乐节奏与健美操动作节奏有着密不可分的联系，节奏感强的音乐旋律能引领健美操动作节奏准确、到位，而富有节奏的力量美更能映衬出音乐在节奏和旋律上的美感。

（三）个性特点与感染力

健美操中的感染力一般是指人的表现力对观众、同伴产生良好共鸣效应的能力。它具体表现在面部、目光接触、身体语言等多方面的效果和方法要求，比如神态、神韵以及展现出的活力等。每个人的感染力也有明显的差异，因人而异选择音乐伴奏可以提高音乐对表现力的感染效果，而富有个性的表现力又能进一步促使人们对音乐的理解，提高艺术欣赏能力。

（四）悟性和审美能力

悟性即健美操意识，是经过系统的教学与训练后，练习者对动作表现具有的一种内在的、深层次的感悟，也是对整体认知的综合效应。经过一段时间的学习后，悟性高的练习者就学会了触类旁通，举一反三。悟性强者不但学习进程加快，能够增加动作表现力，情感表达深刻。

审美能力即人审视美的素养。健美操审美能力具体指练习者对运动中的姿态、速度、力度的规范把握和对音乐的鉴赏力，这对健美操的动作表现起到支撑作用。悟性和审美能力内涵不同，但相互依存，而且都与音乐紧密联系。如当表演者在进行健美操表演时遇到突发障碍，当听到某些旋律时往往可以让人茅塞顿开，促进动作的完成，增强表现力。同时，由于音乐能使人产生美的情感和联想，使表演者的姿态、速度、力度更加规范，反过来促进练习者悟性和审美能力的提升。

二、音乐与健美操的相互影响

（一）音乐与动作造型的搭配促进整体表现

早在公元前，古希腊哲学家毕达哥拉斯就提出了以朴素唯物论为基础的美学思想，把艺术的造型和音乐的旋律归结为"形"和"声"两大要素，突出强调造型和音乐必须按数的比例和谐搭配的关系。健美操在动作造型上强调力量美与形体美相统一，并在统一和谐的同时，烘托出独有的力量美。按照健美操发展力量的要求，应采用强弱对比明显、速度较快的旋律。大众健美操的速度一般为22~26/10秒拍，而竞技健美操要求速度达到24~30/10秒拍。

大量实践证明，健美操的造型通过节奏感强的舞曲伴奏下才具有活力。要说明的是，健美操造型与舞蹈和艺术体操等项目造型有明显不同之处，健美操动作表现为挺拔、高立的形态美与雄健、娇美的艺术美，即从一种姿态换到另一种姿态，必须形成规范的直线或是曲线的动作路线造型，变换上既要有节奏感，又要求准确地把握与展现动作力度。所以说健美操音乐的选择上其实是有很多讲究的，在音乐与造型的搭配上，那些流行歌曲是不太适合的，它们在速度、节奏、情感、色彩、力度对比等方面上并不适合健美操的特色，"形"与"声"按数的比例不搭配。

（二）音乐的心灵语言作用提高动作的表现力

音乐是心灵的语言，是人类情感表达的一种艺术，它通过塑造艺术形象，表达出人们的思想和情感。健美操音乐更以其特有的节奏感烘托运动背景，促进表现力，体现在以下方面。

1. 选择适宜的音乐进行健美操练习，能够加快学习速度，增强学习效果。原因在于适宜的音乐伴奏可以唤醒大脑皮层，使其兴奋性处于最佳的状态，进而提高神经系统的整合功能，让人的注意力和记忆力都得到提高。

2. 选择适宜的音乐进行健美操练习，能够放松身心，使人感到轻松和愉快，并从中感受到美感。音乐能使人产生想象和联想，最终实现共鸣，这一系列的心理活动能够激发创造灵感，加速对动作表现内在联系的理解，促进动作表现力。

3. 根据音乐创编动作，可以达到音乐形象与动作形象完美统一。在实践中，从激情的音乐入手，聆听音乐，感受、分析和理解音乐，容易激发练习者和创编者的创作灵感。如采取先定音乐，后定动作的教学方式，可以用于对健美操特殊风格的技术处理，以选用的音乐旋律作为条件刺激，用相应的动作造型不断给予强化，力求做到"声"中有"形"，"形"中有"声"，声形一体，相互结合，使表现力的境界得到升华，表现出健美操运动的魅力。

（三）音乐感染力促进运动技能的形成

动作在形成的途中体现着普遍的规律。运动生理学的研究表明，运动技能形成的最高级阶段是自动化阶段。比如人的走路、跑步、骑自行车等达到了这个阶段，动作只要求大脑皮层较低级的部位就能控制住，而大脑皮层较高级的部位就不会得到运用，转向对其他部位的调控。练习者因身体条件、技术基础、个性特点、心理因素、教学环境等多方面的影响，在统一的健美操教学中，其对动作学习的掌握程度是不一样的，达到的技术水平也参差不齐。技术水平制约着表现力，技术熟练的练习者有着优秀的表现；而技术不够熟练的练习者则表现力欠佳。因此，对于需要提高表现力的练习者，一是注意提高他们的运动技能，即先在技能水平上下功夫，而表现力的到位则不可急于求成，否则欲速则不达；二是在促进运动技能形成的过程中，根据个体差异，采用单独指导的教学方法；三是配合表象训练法，加深对音乐的印象，促进表现力的提高。选用风格不同的音乐，配合相应的训练，在不同环节中开展。例如为了纠正不协调和错误的动作，可选用舒展、缓慢的旋律伴奏；若为了表现动作的刚健有力，可采用节奏明快、有力的旋律，加大强弱拍反差对比。在表象训练法中，要努力使音乐与动作要素融合在一起，加快正确的动作定型。

（四）审美教育提高音乐素养

具有一定音乐素养的练习者往往能较好地根据健美操音乐的特点，把握动作的结构、幅度、力度，建立正确的动力定型，善于理解不同音乐表达出的不同情感，把其渗透在动作表现中，使"声"带"形"，"形"传"声"，丰富人的视觉和听觉效果，从而产生音乐与表现力互动的最佳效应。为此，要增强练习者的动作表现力，首先要加强审美教育，提高他们的音乐素养；其次要在教学与训练中，适时地讲解健美操音乐作品的风格、特点，让练习者正确把握音乐的节奏，并与动作相配合，突出整体的艺术效果，让音乐随之升华，又能使动作的表现力大幅度提高，既可提高健美操的健身、健心的锻炼功能，又可充分展示健美操的欣赏价值，真正实现音乐与表现力互动的最佳效应。

第五章 竞技健美操运动技能分析与教学指导

竞技健美操是在健身健美操的基础上产生与发展起来的，是一项在音乐伴奏下能够表现连续、复杂和高强度成套动作的运动项目，其对于促进全民健身，增强人民体质，增进社会交流，开拓思维，促进运动技术水平的提高具有重要的意义。本章主要对竞技健美操运动的技能与教学实践进行分析与研究，从而指导人们科学有效地参与竞技健美操运动。

第一节 竞技健美操的动作

一、基本轴控制

（一）站立控制

1. 基本站立控制

夹紧双腿，挺胸收腹，腰背直立，肩胛骨下旋，肩膀下沉，在不依靠墙壁的条件下习练。

习练时要注意，身体用力感与有墙面支撑物时的用力感相同，体会这种身体姿态。

2. 背靠墙站立控制

并拢双脚，背对墙而立，后脑、双肩、背、臀和小腿与墙壁紧贴，足跟与墙之间的距离大约为3厘米，体会身体垂直轴控制的感觉。

习练时要注意，夹紧双腿、臀部，挺胸收腹，腰背直立，肩胛骨下旋，双肩下沉，微收下颌，向上顶头。

3. 双手叉腰提踵站立控制

做好基本站立控制动作后，双手叉在腰间，双脚脚跟提起，提高身体垂直轴控制能力。

习练时要注意对后背的感觉和身体垂直轴的控制加以体会。

4. 双手叉腰，提踵行进间垂直轴控制

在上面练习的基础上，提踵向前或向后行进间走，在移动重心的情况下提高垂直轴控制能力。

（二）纵跳控制

1. 原地纵跳控制

做基本站立控制动作，微屈双膝，蹬地向上，借助踝关节力量纵跳，感受身体垂直轴的控制。

习练时要注意提气、收腹、立腰，尽量往上顶头，有意识地落地缓冲。

2. 负重原地纵跳控制

在上一练习的基础上，将沙包绑在脚踝关节上，在增加负荷的情况下进行练习，提高垂直轴控制能力。

二、身体姿态

（一）站立姿态

1. 颈部训练

颈部挺直，下颌微收，目视前方，头正直。也可在头上放一本书，保持书不落地，头向不同方向移动。

2. 肩部训练

两肩垂直上耸，感觉两肩酸痛后，肩膀用力下垂。反复练习，练习后充分放松。

3. 臀部训练

两脚并拢，躯干直立。脚掌用力下压，用力收紧臀部和大腿肌肉，髋略上提。反复练习。

4. 腹部训练

臀部收紧，用力收腹并向上提气，感觉整个身体上提，坚持片刻，然后放松。反复练习。

5. 背靠墙站立姿态训练

并拢两脚，头、肩胛骨和臀与墙壁紧贴，足跟与墙之间的距离大约为3厘米。用胸式呼吸法呼吸，提气中做此动作。

习练时要注意夹紧双腿，挺胸收腹，腰背直立，臀部收紧，肩胛骨下旋，双肩下沉，略收下颌，向上顶头。

6. 站立姿态训练

在上一练习的基础上，脱离墙的支撑，体会站立时肌肉的细微感觉。反复练习，注意要均衡呼吸。

(二) 头颈姿态

1. 抬头训练

两手叉在腰间，自然站立。头颈后屈，然后还原。由慢到快变化速度，体会抬头时肌肉控制的感觉。

2. 低头训练

两手叉在腰间，自然站立。低头挺胸，伸长颈部，然后还原。由慢到快变化速度，体会低头时肌肉控制的感觉。

3. 右转训练

两手叉在腰间，自然站立。向右转头，下颌与右肩对准，然后还原。由慢到快变化速度，体会转头时肌肉控制的感觉。

4. 左转训练

两手叉在腰间，自然站立。向左转头，下颌与左肩对准，然后还原。由慢到快变化速度，体会转头时肌肉控制的感觉。

5. 左侧屈训练

两手叉在腰间，自然站立，头向左侧屈，然后还原，体会头侧屈时肌肉控制的感觉。

6. 右侧屈训练

两手叉在腰间，自然站立，头向右侧屈，然后还原，体会头侧屈时肌肉控制的感觉。

(三) 上肢姿态

1. 手型

(1) 掌

竞技健美操的基本掌型分为以下两种类型。

五指分开手型：五指分开直至手掌面积最大，且保持在同一平面上，手指伸直用力到指尖。

五指并拢手型：并拢五指（保持在同一平面内），略屈大拇指第一指关节。

在习练时要注意，先按照要求将掌型控制好，然后在不同平面上练习。

(2) 拳

在竞技性健美操中，拳与其他手型相比，更能体现出动作力度的感觉。

(3) 指

以剑指为例，弯曲大拇指、无名指和小拇指，并拢食指和中指并伸直。

(4) 特殊风格手型

竞技健美操运动的音乐元素十分丰富，因此有不同形式的手型动作与不同风格的音乐相匹配，如西班牙手型、阿拉伯手型等。

2. 手臂

（1）两臂上举

两臂经前绕至上举，双臂之间的距离与肩宽相同。

（2）两臂侧举

两臂经侧绕至侧举。掌心向上、向下均可。

（3）两臂前举

两臂由下举向前绕至前举，双臂之间的距离与肩宽相同，五指并拢或分开，掌心握拳、相对、向上、向下等均可。

（4）两臂后举

两臂经前向后绕至后下举，尽量向后举手臂，双臂之间的距离与肩宽相同。

（5）两臂前上举

两臂经前绕至与前举与上举夹角为45°的位置或前侧上举。

（6）两臂前下举

两臂经前绕至与前举与下举夹角为45°的位置或前侧下举。

（7）两臂胸前平屈

两臂于胸前屈肘，大小臂平行地面，前臂与额状轴平行，小臂与胸之间大约相距10厘米。

（8）双臂侧举屈

双臂侧举同时屈肘，前臂与上臂垂直。

（四）躯干姿态

1. 躯干稳定性训练

（1）负重仰卧起坐

仰卧，两手于胸前持实心球，球尽量与下颌接近。实心球的重量可根据个人实际肌力水平而定，一般是2～3千克。经过一段时间训练，实心球的重量可逐步增加。由仰卧至起坐的过程是腰腹肌做克制（向心）工作，要以稍快的速度完成，由坐起返回仰卧姿势，腰腹肌做退让（离心）动作，身体以较慢的速度回倒，回倒时间是起坐时间的一倍。

习练时要注意，控制好身体回落的速度，避免因速度过快而造成腰部损伤，影响腰腹肌锻炼效果。这一练习收缩强度较大，要将负荷重量控制好。

（2）健身球俯卧撑

俯卧，两手撑地把身体支撑起，两脚背置于健身球上，含胸收腹。两臂和健身球的距离通常是一臂半的长度，具体可根据个人实际肌力水平而调整。经过一段时间训练，两臂和健身球的距离可逐步增大。两臂由直臂到屈臂是躯干做退让（离心）工作，身体以较慢的速度下降，下降时间是向上时间的一倍，如果下降速度过快，会影响躯干稳定性的锻炼效果。两臂由屈臂到直臂的过程是躯干做克制（向心）工作，要以较快的速度完成。

习练时要注意躯干的稳定和俯卧撑的适宜速度。

2．躯干灵活性训练

先进行肩关节运动，如左右依次提肩、提两肩，左右依次前后绕肩和双肩同时绕等，然后做髋关节运动，如顶髋、绕髋等。最后做躯干移动练习，如做向前、后、左、右不同方向的练习。以提高身体各部位的灵活性。

三、身体弹动

（一）踏步

1．踏步

上体直立，脚踏下时先脚尖落地，然后再全脚掌落地，支撑腿落地时伸直膝关节，两臂屈肘在身体两侧前后自然摆动。再进行弹动性踏步训练，脚尖接触地面后踝关节有控制地过渡到全脚掌，支撑腿落地时微屈膝关节，使两腿有同时屈膝的过程，两臂屈肘在身体两侧前后自然摆动。

2．弹动踏步

在音乐伴奏下，跟随节拍踏步，手臂配合下肢前后依次摆动。摆动腿屈膝抬起时，支撑腿也同时微屈膝，摆动腿落地时伸直支撑腿。

在习练过程中，要注意先慢节拍练习，再根据熟练程度加快节奏。先练习直立踏步，再练习弹动踏步，循序渐进提高锻炼效果。

（二）蹬、伸

1．基本蹬伸

一脚踏在踏板上，快速向上用力蹬直，保持身体垂直轴的控制，左右腿依次练习。

2．负重蹬伸

一腿小腿绑沙包做蹬伸练习，使身体承受一定负荷。左右腿依次练习。

3．负重提踵

在踏板上单脚或双脚站，在踝关节上绑沙包，借助踝的力量做提踵练习，反复进行。

4．原地屈膝弹动

踝、膝关节随着音乐节拍有节奏地屈伸，脚尖不离地，手臂配合下肢做辅助动作。音乐速度先慢后快，上下肢动作随之加快。反复练习。

5．原地髋、膝关节弹动

两脚并拢，脚尖随音乐节奏的变化抬起、落下，同时膝关节做屈伸，脚跟不离地，两臂屈肘前后自然摆动。

（三）踢、跳

1. 弹踢

支撑腿膝踝关节弹动的同时，有控制地弹踢非支撑腿的小腿，有控制地伸展膝踝关节。先练习单腿不间断地弹踢，再练习两条腿交替弹踢。两腿交替弹踢时，支撑腿踝关节始终有弹性地屈伸，先原地练习，再进行行进间练习。

2. 弹动纵跳

弹动纵跳的练习共 4 拍。

1、2 拍：原地屈膝弹动，手臂配合下肢同时前后摆动。

3 拍：向上纵跳，手臂顺势上摆至上举。

4 拍：落地缓冲，手臂顺势下摆至体侧。

3. 原地连续小纵跳

并拢双脚，足尖不离地，足跟随音乐节奏上抬、下落，同时踝关节不断屈伸，两臂前后自然摆动。

4. 负重连续纵跳

在脚踝关节上绑沙包，然后半蹲，手臂后摆，蹬伸时向上跳，手臂顺势上摆，落地后屈膝缓冲，接着继续上跳，不断练习。

习练时要注意，起跳后身体保持适度的紧张，落地时要有意识地缓冲。

5. 吸腿跳和跳踢腿

支撑腿膝踝关节弹动的同时，另一腿提膝或向前大踢腿，支撑腿足跟始终不完全落地，有控制地弹动，膝关节保持微屈的弹动状态。先重复进行一条腿的连续吸或踢练习，提高弹动性，之后两腿交替练习。

6. 开合跳

先两腿开立进行弹动训练，再两腿并拢进行弹动训练，最后一开一合连续进行开合跳练习。

第二节 竞技健美操技法训练

一、竞技健美操动作力度训练

（一）表象训练

表象训练就是在不借助外力的情况下，练习者靠自己对动作感受能力的记忆对动作的发力顺序、动作速度、动作的方位以及动作制动，进行准确的判定。表象就是练习者自己在头脑中想象动作训练的过程，回忆训练的画面、动作用力的感觉。长时间的表象训练有利于促进练习者力度感的增强。

在表象训练中，教练员要及时纠正练习者的错误表象，否则会导致负诱导的作用出现。教练员应及时用口令或提示语（"用力再大些""节奏再加快点"）帮助练习者协调用力，也可以直接用手帮助练习者。表象训练的过程中可将一些镜面练习穿插其中，深化练习者的正确运动表象。

（二）协助训练

在竞技健美操动作力度训练中，协助训练是一个最直接的指导训练方法，一般在运动初期建立动作感知能力阶段采用这一训练方法。

在协助训练中，教练员要控制和调整练习者即将完成的动作，纠正其动作用力大小、动作速度、动作方向以及动作制动时机掌握的准确性。

例如，在"左臂上举，右臂前举"动作教学中，教练员可双手握住练习者的手腕带动其摆动，使其能够快速有力地摆至标准位置制动，并让其体会到位后制动的肌肉用力感觉，也可以借助哑铃来练习，根据练习者的体重举起相应重量的哑铃，以促进其肌肉感受力的提高。同时，也可以采用标准位置的限定训练，教练员可用双手放在前举位置和上举位置或用线绳等其他物品来代替，让练习者双臂摆动到该位置快速制动，反复练习可促进练习者对动作的感受能力的提高。

（三）负重练习

负重练习指的是举起适宜重量的哑铃，在规定时间内完成一定次数的屈、伸、摆、绕环等动作，反复练习，提高肌肉运动感觉。在训练实践中，采用10～15RM的重量连续做各种举、屈、伸等动作，从而提高力量和动作力度。

在负重训练的强化训练阶段，可以在不同音乐节奏的伴奏下进行基本动作练习，同时，练习者可以对着镜子练习，以及时纠正动作，提高动作力度感。

二、竞技健美操动作速度训练

（一）助力训练

在竞技健美操基本技法训练过程中，教练员可利用外界力量使练习者完成某一动作的速度不断提高，然后让练习者对快速运动的动作感觉进行体会。

在助力训练中，教练员应将提供助力的时机以及用力大小控制好，同时应该让练习者体会在助力作用下动作完成的时间和用力的大小，以使其深刻理解竞技健美操对动作速度的要求，提高其完成基本动作的速度。

（二）高频重复性训练

高频重复性训练是指练习者在规定时间内快速对具体动作不断重复的训练。高频重复性训练是专门用来发展具体动作速度的训练方法，在竞技健美操运动中，经常会看到一些运动员的个别动作速度过慢，影响了整体的表现和最终的成绩。针对这一问题，可采用高频重复性训练方法来解决。

在高频重复性训练中，教练员先规定具体动作训练时间，要求练习者以重复速率的提高为标准提高其具体动作的运动速度。重复性训练强调每次重复都应该在原有基础上不断熟悉动作技术和运动路线，从而达到高质量自动化完成动作的目的。

（三）变奏训练

变奏训练是指通过改变音乐节奏，让练习者同步练习动作，体会在快节奏、慢节奏下完成动作的训练方法。

在变奏训练中，在快节奏下，练习者的动作容易变形，或者动作表现力会降低，此时，教练员应及时提醒练习者要规范动作，高质量完成动作。

变奏训练的另一层意思是音乐速度没有变化，只是对动作的练习速度进行了调整，或结合高速度动作练习与变速练习的综合训练，这种训练有利于防止练习者的动作停留在稳定速度水平上，从而获得进一步的提高。

三、竞技健美操动作幅度训练

（一）压腿

1. 正压腿

支撑腿脚尖正对前方，伸直膝关节，摆正髋关节，抬头、挺胸、屈上体。

2. 侧压腿

支撑腿脚尖、膝盖所对的方向与被压腿方向垂直，伸直膝关节，充分展开髋关节，抬头、挺胸、上体侧屈。

3. 后压腿

摆正髋关节，支撑腿弯曲，抬头、挺胸、上体后仰、压胯。

4. 劈叉控腿

左腿在前或右腿在前，做劈叉姿势，控制 5 分钟。也可进行架高劈叉控腿练习。

（二）体屈、转

1. 体侧屈

双脚并拢或开立（两脚之间的距离与肩同宽），双手举过头顶互撑，躯干在手的带动下做最大极限的侧屈，保持 10 秒。

2. 体转

两脚并拢或开立（两脚之间的距离与肩同宽），两肩侧平举，向左转动时，左肩带动躯干进行最大限度地左转，控制 10 秒钟，向右转动时右肩带动躯干进行最大限度地右转，控制 10 秒。

3. 体后屈

两手握肋木，两腿并拢或开立（两脚之间的距离与肩同宽），抬头、挺胸、上体最大限度后仰，控制 10 秒。

（三）肋木训练

（1）各种徒手体操中活动肩、肘、髋关节的动作训练。

（2）与同伴互扶俯身止侧压肩训练。

（3）两手向后握肋木向前探肩训练。

（4）两手握肋木直臂压肩训练。

（四）皮筋训练

在竞技健美操训练中，为提高动作幅度与身体的柔韧性，可借助橡皮筋进行练习，具体方法如下。

1. 上肢训练

（1）腕外展内收

在橡皮筋中央站好，两手将皮筋两头握住，侧举拉紧橡皮筋。外展时，立拳，拳心向前，手腕向与拉力方向相反的方向用力；内收时，立拳，拳心向后，手腕向与拉力方向相反的方向用力。

在习练过程中需要注意的是，手腕与前臂的运动应维持在同一平面内。

（2）腕屈伸

在橡皮筋中央站好，两手将皮筋两头握住，侧举拉紧橡皮筋。腕屈时，拳心向上，双手克服橡皮筋的拉力向上屈；腕伸时，拳心向下，双手克服橡皮筋的拉力向上伸。从而促进前臂肌肉力量的发展。

在习练过程中需要注意拳心的方向，使屈伸方向与拉力方向刚好相反。

（3）前臂屈伸

在橡皮筋中央站好，两手将两头握住并置于体前，将橡皮筋拉紧，固定上臂，前臂屈，再伸至原位。这一训练可促进练习者肱二头肌、肱三头肌肌肉力量的发展。

在习练过程中需要注意，应固定好上臂，不可随前臂运动而移动上臂，以免影响锻炼效果。要控制好运动速度，屈伸速度应均匀。

（4）上臂屈伸

在橡皮筋中央站好，两手将两头握住，两臂置于身体两侧，拳心保持相对。屈臂时，直臂向前抬起，拉紧皮筋，再放下；伸臂时，直臂向后抬起，拉紧皮筋，再放下。从而促进胸大肌、肱二头肌等肌肉力量的发展。

在习练过程中需要注意，臂屈伸时，应尽量加大前屈和后伸的幅度，提高训练效果。另外应控制好运动速度。

（5）臂外展

在橡皮筋中央站好，两手将两头握住，两臂置于身体两侧，拉紧皮筋，两臂经体侧向上运动，再放下。从而促进三角肌、胸大肌等肌肉力量的发展。

在习练过程中需要注意，两臂始终与身体在同一平面上。应控制向上和放下的速度，匀速完成练习。

2. 腹背部训练

（1）体前屈

两腿分开在橡皮筋中央站立，橡皮筋经体后至头后，两臂屈肘，在头后将橡皮筋两头握住，上体前屈，再起来。从而促进腹背肌力量的发展。

在习练过程中需要注意，两腿要伸直，控制好上体上起的速度，不要太快，匀速上下进行练习。

（2）体侧屈

两腿分开在橡皮筋中央站立，一手将皮筋一端握住，另一手放松于体侧，把皮筋拉紧。上体向另一侧屈，还原，再换另一手握皮筋进行重复练习，从而促进腹直肌、腹外斜肌、腹内斜肌肌肉力量的发展。

在习练过程中需要注意，两腿要伸直，身体和手臂的运动要保持在同一平面。

3. 下肢训练

两腿分开在橡皮筋中央站立，橡皮筋经体后至头后，两臂屈肘，头后将橡皮筋两头握住，拉紧皮筋，两腿屈膝下蹲，再站起。从而促进臀部、腿部力量的发展。

在习练过程中需要注意，下蹲时拉紧皮筋，收紧腰腹，控制好下蹲速度，避免速度太快。

第三节　竞技健美操表现力教学

表现力泛指表达情感、情绪的一种能力。在竞技健美操比赛中，运动员的表现力会直接决定比赛结果。具体来说，竞技健美操表现力是指运动员通过自身所具备的认知力、理解力、观察力、想象力、自信心等，把健美操动作和音乐的内涵转化为自身内在的情感，并借助身体姿态、技术动作以及面部表情等外部形态持续地表达出来，从而吸引和感染观众的能力。

在竞技健美操运动中，运动员的表现力反映了其内在精神气质和外在动作表现的完美统一。为提高运动员的表现力，可通过以下几种方法进行教学与训练。

一、观察法

观察法指借助外部媒介进行直观观察，从中寻找不足，及时加以改正，以促进竞技健美操运动员表现力不断提高的教学与训练方法。观察法的具体形式有以下两种。

（一）镜面观察法

镜面观察法是指运动员在镜子前进行练习，从而对自己的技术动作、身体姿态、面部表情等训练进行观察，通过进行自我表现评价，凭借主观感觉对技术动作、身体姿态、面部表情进行调整，从而增强自身的表现能力，规范自己的技术动作。

镜面观察法既有效又实际，在没有录像设备的条件下，可采用这一方法来提高运动员的表现力。

（二）录像观察法

录像观察法是指运用摄影摄像等现代化设备来协助运动员进行竞技健美操训练的方法。这种训练法实际上是借助外部媒介对运动员的表现予以记录，然后直观反映，让运动员自己观察、比较，找出自己的不足，从而不断改正与提高的一种训练方法。

录像观察法具有以下两项优点。

1. 使运动员对自身动作的不足之处有更加直观的认识，从而及时改正动作，培养运动员的观察能力，促进其主体作用的发挥。

2. 打破时间的局限性，将瞬时呈现的状态记录下来，让运动员仔细揣摩自己的动作是否协调、到位、有力度、有节奏感、优美，面部表情的展现是否合理、自然、恰到好处等，从而找出自己的不足，有针对性地完善。

二、表情法

（一）对镜训练法

对着镜子训练面部表情的方法就是对镜训练法，如对着镜子做各种表情，锻炼和控制脸部肌肉，同时体会做哪种表情更能吸引和感染观众，进而有针对性地反复地练习。

（二）眼神控制法

在表情训练中，要特别注意眼神控制。通过眼神控制的训练，可充分锻炼眼部周围肌肉，使眼睛更有神采。在竞技健美操运动中，运动员在控制好自身身体姿态的同时，加上富有感染力的眼神，可将自己内心的情感充分流露出来，达到内外合一的效果，从而使自己的表现力达到一个新的水平。

竞技健美操运动中，眼神控制的训练方法见表 5-1。

表 5-1　竞技健美操表现力的眼神控制训练法

训练方法	具体手段
眼球和眼肌训练法	（1）放光与缩光，快放快缩、慢放慢缩 （2）舒眉展眼 （3）转眼球，正反向慢转 （4）快转摆眼球，横摆、竖摆、慢摆、快摆等
眼睛素质训练法	（1）笑眼、哭眼、羞眼、眯眼、睡眼、恨眼 （2）环视、怯视、傲视、怒视、放光凝视、缩光凝视 （3）畏惧、询问、惊喜、寻觅、央求、关切、焦急、怀疑、示意、会意等
眼睛与音乐、动作结合训练法	（1）盲眼、羞眼、怒视 （2）焦急、畏惧、陌生等

（三）赛中调节法

赛中调节法指的是在竞技健美操比赛中，运动员通过面部表情的调节来调整自身竞技状态的训练方法。

在竞技健美操比赛前，运动员容易紧张，产生焦虑症状，这时须有意识地放松面部肌肉，轻搓面部，使面部肌肉舒缓；如果运动员在赛前提不起精神，心情低落，可有意多笑笑，或多看别人的笑脸，想一些曾经发生的高兴事，从而有意识地控制自己的面部表情，保持良好竞赛状态。

三、组合训练法

（一）自信组合

在竞技健美操运动的教学与训练过程中，教练员不断提醒运动员保持正确、优美的身体姿态，流露出阳光的表情和自信的眼神，将健美操运动青春向上、自信健康的精神风貌体现出来。

（二）激情组合

激情组合训练方法中，情绪调动训练最为常见，在具体训练过程中，教练员利用某一段经典的艺术表现形式调动运动员的情绪与积极性，如播放优秀健美操运动员的比赛实况，吸引运动员的注意力，使其保持积极的训练状态，这有利于提高训练效果。

第四节　竞技健美操运动队伍建设与管理

培养竞技健美操队伍应重点从以下几方面来着手进行。

一、注重竞技健美操运动选材

（一）竞技健美操运动选材的重要性

随着竞技健美操运动的不断发展和国际性比赛激烈程度的增加，竞技健美操的动作难度越来越高，这就对运动员的身心素质和运动能力提出了更高的要求。因此，在竞技健美操选材过程中，要充分考虑当前竞技健美操运动发展的趋势及发展需求，从而提高选材的科学性与实效性。

竞技性健美操运动员选材的成功可以有效提高之后的训练与比赛水平。世界健美操运动开展时间并不长，但技术水平进步很快，各国选手间的竞争越来越激烈。随着竞技性健美操专项技术与训练理论的深入研究，教练员在努力探寻高新技术训练的同时，也将科学选材工作放在了重要的位置。各地区和学校健美操代表队的组建和训练也得到了高度的重视。对竞技健美操运动员进行选材，就是从众多人群中选拔出适合参与健美操运动项目的人，对其进行重点培养和训练，使其拥有健美操运动的竞技能力，在比赛中取得优异的成绩，推动竞技健美操运动的发展。目前来看，科学选材已成为当务之急。做好这项工作将从根本上推动竞技性健美操的发展。

（二）竞技健美操运动选材的指标

1. 形态类指标

健美操运动选材中，健美的体形是一个非常重要的指标，有关人员通过对近年进入世锦赛决赛的运动员进行体形测评后发现，所有运动员的形态不仅与健美操动作的力学特点相符，而且与美学要求相符。因此，在健美操选材中要注意形态类指标的重要性，严格筛选对健美操运动成绩有影响的形态类指标，包括高度（身高、坐高）、长度（腿长、臂长、手长、颈长）、围度（胸围、腿围、腰围、臀围）、宽度（肩宽、髋宽）、充实度（体重、皮脂厚度）等。

2. 身体素质指标

身体素质指的是人体在运动过程中表现出来的力量、速度、耐力、柔韧、灵敏、平衡等能力。这些素质是竞技健美操运动员掌握基本健美操技术和技能的基础与前提条件。随着竞技健美操运动规则的不断变化与完善，对运动员的身体素质提出了较高的要求，其中对柔韧素质和力量素质方面的要求要比其他素质更严格一些。

身体素质受一定遗传因素的影响，在运动员的选材中要特别注意选材的优良。当然竞技健美操所需的一些素质受环境影响较大，可以通过后天训练获得。

3. 生理机能指标

心功能指数是一种对人体心肺功能进行测量的简易方法。通过测试运动员的安静心率，30 秒的 30 次蹲起后的即刻心率和 1 分钟后的恢复心率，可以对运动员的心肺功能做出评定。一般来说，这三个心率偏低的运动员心肺功能强。

心功能指数采用克服自身重心的方式，其负荷形式和测试时间与健美操项目很接近。心功能指数和年龄及训练水平有关。根据统计，随着年龄的增大，心功能指数会递减，运动水平的前后差异也会增大。

生理机能指标受遗传因素的影响比较明显，在选材过程中，要尽可能选择有良好先天条件的后备人才，经过一定训练后，如果后备人才的心功能指数还是达不到相应要求，其就难以在之后的训练中承受大负荷，因此可以不做考虑。

4. 心理类指标

（1）心理素质

心理素质也称"心理品质"，包括心理过程和个性心理特征。心理素质对竞技健美操运动员运动能力的发挥有重要的影响，因此，在选材时应特别注意对运动员心理素质的考察。

竞技健美操要求运动员拥有良好的心理稳定性、积极的性格、坚强的意志和一定的思维能力，所以在选材时应将这些因素作为具体指标。

（2）神经类型

根据竞技健美操运动的特点与发展需要，从神经类型考虑，在后备人才选材中，应挑选神经兴奋且具有稳定性的人。

5. 气质类指标

活泼型队员，活泼好动，聪明伶俐，精神饱满，易兴奋也易抑制，模仿性强，接受事物快，掌握动作也快；安静型的队员一般较安静，稳重，掌握动作虽慢，但稳定性强。凡是表现好、成绩较突出的健美操运动员大都属于活泼型和安静型，所以从气质类型方面选材来看，以选活泼型和安静型为宜。

6. 技术类指标

竞技健美操运动具有较强的技术性特征，基本技术对运动员技术的发展具有关键性作用。竞技健美操技术动作非常多，所以在选材中，只能从对比赛成绩有重要影响的关键动作入手进行评定，根据运动员年龄和训练水平的不同，选用的动作指标也各有差异。教练员可以通过观察备选人才在规定动作中的表现来判断其发展潜力，从而做出选择。

（三）竞技健美操运动选材的原则

1. 个性性原则

根据竞技健美操运动发展的特点，在对竞技健美操各项选材指标进行选择和制定时，应对不同运动员的特点、不同时期的训练任务进行综合考虑，区别对待，使健美操运动选材充分体现集群性特点与个性特点，并自觉与健美操的特点进行结合与对照，从而选拔更适合从事健美操运动的优秀人才。

2. 长久性原则

依据我国儿童少年生长发育的特点，各项指标在生长发育期都呈上升趋势，身高体重的这一变化趋势尤其明显；同时根据国内外人群种族差异，从人体健美的实际情况出发，考虑我国竞技健美操要走向国际的趋势，在确定各项指标时，须对有利于该运动发展的标准予以充分考虑，使选材指标具有长期性。

3. 可发展性原则

根据我国青少年身体发育的特点和竞技健美操运动的客观发展规律，从这项运动发展的客观实际考虑，在选择竞技健美操科学选材的指标时，应选择可发展的指标。

4. 多因素综合原则

健美操运动员的竞技能力由多方面的因素共同决定，某一因素的不足或某方面的缺陷会对其整体竞技能力产生不同程度的影响。任何人都不是十全十美的，所以，要细致分析对健美操后备人才各种能力和素质测定的结果，抓住那些主要因素进行综合权衡，在此基础上做出最终的取舍决定。

二、科学训练

（一）制订科学的训练计划

竞技健美操训练是一项非常具有系统性的工程。各子系统之间的衔接非常密切，这样才能保障训练的有效性。竞技健美操训练要以严谨的计划为依托，培养全面发展的人才。良好训练效果的取得离不开对训练计划的科学制订，制订训练计划是实现终极训练目标，即取得优异比赛成绩的保证。

制订竞技健美操训练计划是以竞技健美操训练目标为核心而开展的一项工作。由于竞技健美操的训练对象具有差异性，训练目标也有一定的区别，因此制订训练计划时，要有所侧重，要符合训练对象的实际情况。对于成年队来说，取得优异的比赛成绩是训练的终极目标，因此，对成年队制订训练计划应以比赛周期、竞技状态的形成等因素为依据；而对于青少年队来说，训练的目标主要是培养人才，因而对青少年队制订训练计划主要依据青少年不同年龄阶段的身心发育特点，而且在不同时期安排的训练内容、训练手段都应该突出不同的侧重点。

竞技健美操训练计划的类型有很多，不同类型的计划包括一些基本共同内容，如分析运动员现实状态、确定训练任务及指标、划分训练阶段确定阶段任务、规划负荷的动态变化、选用训练手段、确定各手段负荷量度、制定恢复措施等，需要注意的是，在实施不同计划的过程中必须抓住重点，突出重点，提高训练的实效性，使训练过程按预先设计方向运行，从而取得理想的训练成绩。

（二）在不同阶段实施有针对性训练

竞技性健美操运动的全程性多年训练过程包括五个阶段，分别是选材阶段、基础训练阶段、专项提高阶段、最佳竞技阶段以及竞技保持阶段。不同阶段的训练任务、内容、特点以及负荷是不同的，具体见表5-2。

表5-2 竞技性健美操多年训练计划的阶段划分及安排

阶段划分	主要训练任务	主要训练内容	训练特点	训练负荷
选材阶段	发现人才，进行优秀健美操运动员的选材	各种游戏性的健美操运动形式，学习各项基本动作	培养对健美操的兴趣	严格控制运动量，不能追求难度
基础训练阶段	发展一般运动能力	发展各种运动素质	循序渐进	适宜的量度

阶段划分	主要训练任务	主要训练内容	训练特点	训练负荷
专项提高阶段	发展专项竞技能力加强训练理论的学习	基本技术的再加工重点培养专项竞技能力	训练工作中思想教育和心理训练的比重都要相应增大	逐步承受较大的专项训练负荷
最佳竞技阶段	发展专项竞技能力加强训练理论的学习	集中进行专项训练，并积极参加运动竞赛	训练工作中思想教育和心理训练的比重都要相应增大	负荷通常呈波浪形，有起有伏，有张有弛，保持明显的节奏
竞技保持阶段	继续提高身体素质和机能能力是对体现个人优势的精雕细刻	抓好思想教育和心理训练，注意一般身体素质的训练	教练员细致地做好工作，维护运动员的威信	负荷通常低于专项提高阶段和最佳竞技阶段

三、培养运动员的心理素质和合作能力

对于竞技健美操运动员而言，竞技能力不仅包括身体素质、技术等，还包括心理素质能力。把握和调整心理活动是竞技健美操运动员必须具备的一项基本素质，运动员的个性心理特征在训练和比赛中起着重要的作用，心理素质良好的运动员往往能够在比赛中充分发挥自己的水平，因此，要重视对竞技健美操运动员心理素质的培养。

进入 21 世纪，合作已经成为人类社会发展的新主题。健美操的团队合作精神是指整个健美操团队为了达到共同的目的齐心协力、团结互助的比较稳定的个性心理特征。现代竞技健美操比赛需要的是具有较好的合作能力、较强团队精神的身心健康的复合型运动员。因此，在新训练理念的指导下，必须重视对竞技健美操运动员团队合作意识的培养。通过这方面的培养提高运动员的社会适应能力，进而促进运动员的全面发展。

高校竞技健美操往往是两个或两个以上的团体合作，任何一个队员的发挥都会影响整个团队的比赛成绩。培养运动员的团队合作意识，能增强队员的集体责任感，使团队在比赛中发挥优秀训练水平。另外，培养运动员的团队合作意识能增加队友之间的默契程度，减少运动损伤发生的概率。

四、不断创新

（一）提高运动员的思维能力

思维能力包括思维的广度、深度、灵活性和独立性。竞技健美操运动员的创新思维能力主要包括想象力、联想思维能力、多向思维能力等要素。

1. 想象力

想象力是善于任意改变、组合、扩大和加工意象，形成新形象的能力。任何创新都是起源于想象，只有先丰富联想并敢于质疑，才能产生想象，想象力形成与发展的基础主要是深奥且渊博的知识和实践经验。在竞技健美操动作创新中，想象力的作用至关重要，在训练场上，教练员应该善于根据运动员动作表现情况与相应的动作建立联系，组合加工，从而产生新的思考，创造新的动作。

2. 联想思维能力

联想思维能力是指善于由一个事物想到另一个事物的能力。发现看似没有任何联系的两个事物之间的联系是创造性思维的本质。联想思维能力强的人可以充分运用自己已掌握的知识，调动自己的经验，在此基础上扩大创新思路。在竞技健美操动作创新过程中，教练员善于从现有的动作联系到其他项目的动作，为创新建立一个良好的思维模式，由一个动作想到多个动作，或由一类动作想到其他类动作，或从连接方式的改变想到其他项目的连接动作，这些都是创新的主要途径。此外，教练员应该学会捕捉瞬间灵感，这同样是培养与提高创新能力的重要环节。

3. 多向思维能力

多向思维能力是指善于从多方向、多角度思考问题和解决问题的能力，多向思维能力比单向思维能力更能激发人的创造性。单向思维指人们善于从单向性和固定点思考问题，容易造成思维惰性和僵化。而多向思维强调从事物的多角度、多层次、多方面和多方向去研究问题、认识问题，在逆向、侧向、发散等思维辐射中转移思路，寻找新的设想。在竞技健美操动作创新的过程中，多向思维的应用主要体现在对于动作进行多角度、多层次的理解，从多个方面分析难度技术，从逆向思维、侧向思维和发散思维等几个方面着手来思考动作路线和方向，从而对动作加以科学创新。

（二）提高竞技健美操的创新设计能力

创新设计能力是指将有价值的构思变成实物，并付诸实践进行检验的能力。在现实中，许多人都会产生一些创意性的想法，甚至是相当有价值的新想法，但绝大多数都不能付诸实践，主要是因为缺乏完成能力，也有的是其他原因所致。创新完成能力是竞技体育创新能力的重要组成部分。在竞技健美操动作创新的过程中，创新设计能力主要包括教练员的组织和实施能力、运动员的实际能力。

以运动员的实际能力来说，其是指当教练员构思好新的动作时，运动员的现有水平能否完成新难度动作的能力。这里所说的运动员的现有水平具体包括其身体素质、心理素质、难度技术水平等。所以，教练员在进行难度动作创新时，必须对运动员的实际能力予以考虑，否则难度的设计将不具备实效性。

第六章　健美操社会体育指导员职业培养

第一节　健美操指导员的职业素质

一名优秀的健美操指导员需要具备丰富的理论知识与实践经验，具备良好的身体素质和专业所需的各种技能以及充满激情的感召力，还应具有一定的个人魅力以及善于和学员沟通的能力。

要想成为一名优秀的健美操指导员，必须以高标准来要求自己，并通过不懈的努力来实现。

一、遵守职业道德

1. 健美操指导员是一个神圣的职业，每一个人都应遵守职业道德

热爱健美操事业、敬业是成为优秀健美操指导员的先决条件，是个人和事业发展的动力。对俱乐部学员的安全、健康和雇主（俱乐部的负责人）高度的责任感，体现了一名健美操指导员对事业的热爱。

2. 树立为学员服务的意识

作为健美操指导员应该十分清楚自己的工作性质是为学员和雇主服务的，要热情并真诚地为学员的安全和雇主的利益着想，为客户和学员提供一切满意的服务。不要把自己放在老师、指导员甚至专家的位置上，应尽可能多地了解学员，了解学员的需要，抽出时间同他们进行交流，让他们接近和了解你，争取成为他们的知心朋友。因此，每一位健美操指导员都应树立为学员服务的良好意识，乐于并认真解答学员提出的每一个有关健身方面的问题。

二、提供安全有效的健身服务

提供安全有效的健身服务，包括健身计划的制订、动作的设计与运动负荷的安排、正确技术的运用、损伤的预防和急性损伤的处理等。一个好的健美操指导员同时也应是一个好的健身指导员。

当一个新会员想要加入时，首先应了解他/她的健康状况和家族病史，确定他/她是否可以参加俱乐部的各项活动。并根据会员具体情况制订相应合理的健身计划，包括锻炼的项目、运动负荷等。

指导员在指导过程中必须不断提示正确技术的运用，如蹲时脚尖、膝盖向外，膝关节的角度不要小于90°，及时发现并纠正错误动作，预防因技术错误而造成的急、慢性损伤。当会员出现一些急、慢性损伤的症状时，指导员应及时做出初步诊断或处理，并建议到医院进一步诊治。

三、树立良好的个人形象

1. 充分体现个人魅力

充分体现健美操教学风格与个人魅力是衡量健美操指导员个人素质水平的重要因素之一。这与指导员的性格和个人风格有着十分密切的关系。大多数人认为乐观、外向是健美操指导员较理想的性格，事实上外向型性格的指导员的确占多数，他们给人的印象往往是热情开朗、充满朝气、课堂气氛好、容易沟通。但是，其他性格类型的指导员也一样能获得成功，最重要的是要建立和培养具有个人特色的风格。

2. 具有充沛的精力和健美的形体

健美操指导员应形体健美、气质高雅、精力充沛且具有良好的体能。因为，健美操指导员是健康的楷模，是青春与活力的代表，甚至是学员的偶像。具有充沛的精力和健美的形体能够提升健美操指导员的个人魅力，并能吸引更多的学员来健身，树立学员参与锻炼的自信心。由于健美操教学是一个强度高、体力消耗很大的工作，指导员具有良好的体能也是教学工作本身的需要。

四、对专业知识的了解与运用

（一）专业技术知识

健美操指导员应接受过正规的专业学习。熟练的专业技术是健美操指导员的基本素质，因为技术的好坏直接关系到示范动作的质量。在实践活动中学员会通过直观感觉不自觉地模仿指导员的动作，对学员来讲，这是他们学习的第一步。

错误的技术动作不仅看起来不美观，而且还可能导致关节和肌肉的损伤。因此，良好的专业技术是成为优秀健美操指导员的先决条件。

（二）专业理论知识

专业技术的运用一定要在专业理论知识的指导下进行。因此，必须扎实稳固地掌握健美操专业理论基础知识，如运动解剖学、运动生理学、运动医学、体育保健学等，并能有效地运用到实践当中去。这样才能保证指导的科学性，为学员提供安全、有效的健身服务。

（三）教学组织能力

由于健身性健美操练习者年龄、性别、职业不同，其体能情况差异较大，技术水平参差不齐，且流动性较大，给健美操课的组织带来一定难度。组织一堂课并不像想象的那么容易，指导员要考虑将理论知识与实践相结合，动作设计要安全、合理、有效，课堂组织要有条理、生动、有趣，并能正确地运用音乐，且与学员始终保持融洽，使课堂气氛尽量活跃。任何一个环节的疏忽都会导致健美操课的失败，甚至造成损伤事故，影响教学质量和学员的健身效果。

（四）对相关知识的了解与运用

健美操指导员不仅需要具有扎实的专业知识功底，还必须掌握相关领域的知识。很少有项目像健美操一样需要指导员同时掌握多种知识与技能，并能熟练地运用到实践当中。这对健美操指导员来说是非常困难却又十分重要的。

1. 音乐基础知识

健美操离不开节奏，离不开音乐伴奏。通过改变音乐节奏可调节运动负荷，通过选择不同风格的音乐可增加练习的趣味性或改变有氧操的风格。如拉丁舞、搏击、街舞、爵士健美操等。

指导员必须了解音乐的基础知识、音乐的种类并能利用音乐的某种风格创造出有特点的动作。在实践活动中能听懂音乐节拍，能边示范、边讲解并能准确地提示学员何时进入下一个动作。

2. 其他有氧运动项目

健美操发展到今天早已超出了原来单调的一般健美操和垫上简单的力量练习。人们开始尝试将更多的有氧运动项目与健美操相结合，派生出了许多新的课种。例如，健美操和舞蹈结合就产生了健身街舞，和台阶训练结合就产生了踏板操，和拉丁舞结合就产生了拉丁健美操，和拳击、跆拳道结合就产生了搏击健美操，和爵士舞结合产生了爵士健美操，和力量训练结合就产生了肌肉收缩与伸展课、普拉提和健身球课等。

因此，指导员的知识结构仅仅停留在原来的专业基础上是不够的，必须不断学习，横向发展，不断跟上时代发展的步伐。

3. 相关学科知识

健康与营养已经成为现代人最为关注的一个方面，健身的目的已不再是单纯为了减肥或增加肌肉，而是通过健身保持健康，预防疾病，甚至追求更高的标准。

指导员要对刚入会的学员进行身体测试并结合其身体状况制定相应的、有效的运动处方；了解学员的饮食习惯并能指导学员了解什么是正确的营养膳食结构；教授学员采用正确的姿势和方法进行训练，并能简单处理由于意外引起的运动损伤等。以上这些环节就需要指导员很好地掌握人体测量与评价学、运动营养学、运动损伤及体育保健学等学科的知识，提高理论与实践相结合的能力。

五、与学员沟通的能力

人类是通过语言和行为表现进行相互间的交流与沟通的。交流与沟通是现代社会人们互相了解、建立友谊和信任的一种手段，但在健身活动中往往非常容易被忽视。在健身活动中参加锻炼的人来自社会各界，作为一名指导员经常要和各种人进行交流，要热情地为他们服务，回答各种问题，使学员感到亲切、不拘束并且信任你，使他们认为从你这里能够得到帮助。因此，良好的沟通能力和沟通技巧就显得尤为重要了。

（一）为学员提供正确的信息

由于学员的身体情况和对健身知识的掌握程度各不相同，且健身知识获得的途径也不同，所以，在健身时总是会有很多这样那样的问题、疑虑和误区。例如，一些会员担心参加一段时间健身运动后，突然停止运动会发胖。其实只要让他们懂得能量摄入和支出的关系就可以解释和避免这个问题。还有一些女会员不敢做力量练习，怕失去女性柔美的身体线条。因此，指导员有责任为会员提供正确的信息，真诚地帮助他们建立正确的概念和掌握基本的健身知识，用科学和正确的理念来指导实践。

（二）正面引导及鼓励

服务要热情、有诚意、有耐心、多鼓励、少批评，多从正面进行引导，不要急于求成，要慢慢帮助学员转变观念。

在我国，人们对健身的认识还没有达到终身性。通常只有在身体健康状况和体形出现问题时才想起锻炼身体，来俱乐部参加健身的人大部分都想在几个月内达到目标。例如，春天来健身的会员一想到夏天要穿裙子了，就急于在短期内减掉一个冬天积蓄在体内的脂肪。这时，指导员应耐心地讲述脂肪堆积的原理，并根据此会员的身体状况制订相应的训练计划，并结合饮食来达到最佳的减脂效果。同时，还应鼓励他们持之以恒，介绍一些坚持锻炼的其他功效和好处，使他们获得科学的健身知识，建立正确的健身观念。

另外，在健美操课上要能运用语言和形体技巧不断激励和鼓励学员，带动大家的积极性，多从正面讲解动作的做法和要领，通过重复让他们慢慢掌握，使他们在热烈而又轻松的气氛中达到健身或减脂的目的，这样他们下次还会再来上你的课。

（三）沟通方式

健美操指导员可通过声音语言和身体语言与会员互相传递信息，建立彼此之间的信任。作为指导员要学会耐心地、认真地倾听学员说话，眼睛要注视着对方，要面带微笑，不要打断对方的话，脑子里不要想别的事情。然后认真地回答所有的问题，并且要让学员感到满意。在健美操课上，指导员正确的示范动作、身体姿势及手势、眼神等都是非常重要的沟通方式。

六、制订计划并做好课前准备

为了保证和提高指导的质量，必须乐于投入大量的时间、精力，认真对待每一堂课并做好充分的准备工作。做到每一堂课都要有计划，针对课程对象设计动作及音乐速度。例如，上午和下午到俱乐部来锻炼的学员可能是闲在家里的太太或工作不忙的女士，她们到俱乐部通过健身、会友、做美容来打发时光。因此，设计健美操课动作时不要太难，要有趣，音乐速度适中；而晚上上课的多为上班族，她们是时代女性，精力充沛、追求完美，在设计健美操课动作时应在动作变化、运动强度和音乐速度等方面下功夫。不论是哪一种课程都应有计划地经常更新课的内容，为课程注入新鲜血液。

七、能教不同水平的课

在我国，大部分健美操课都不分级别，所以一堂课中会有不同程度的学员。即使同一级别的课，学员的水平也可能不一样。作为指导员要照顾到各个不同能力的学员。例如，将高冲击力动作降低强度完成；降低手臂动作的高度或不加手臂动作只完成步伐，以降低动作难度等。最好是让每一个学员都能跟得上课的进度。

八、能为学员制定实际的目标

俱乐部会员每个人的情况都不同，想达到的目的也不同。应根据学员的要求设计相应的训练方案，并帮助学员达到他们预定的目标。这对他们来说很重要，可能会改变他们的生活。因此，制定的计划和目标应是切实可行的。如果会员的锻炼效果不明显，必须多跟他们交流，了解情况、找出原因并修改计划。

九、了解行业最新发展趋势

（一）了解健美操在国内外的发展史

健美操在国际上发展了几十年，已逐渐主流化和正规化。而我国正处在知识经济时代，知识更新的速度是非常快的。在我国健身领域的许多方面都存在一定的误区，我国健美操的发展和发达国家相比还有一定的差距。作为健美操指导员应该看到差距，知己知彼，取长补短。

（二）了解健美操发展的最新动态

健美操是时代的产物，是随着时代而发展变化的。因此，健美操指导员应具有知识更新的意识，不断努力地学习，尽可能多地了解健身领域的发展动态和最新科研成果，从而以新的知识指导自己的实践活动。

十、为自己的发展制定新的目标

在实践活动中应善于发现自己的不足，及时更新观念，不断进取。对新的事物感兴趣并努力去学习应是健美操指导员的重要个性品质之一，因为掌握并运用最新的知识，不断追求新的变化才能跟上健身领域的最新发展趋势。此外，还要不断为自己的发展制定新的目标，始终保持积极向上的良好状态，使自己成为一名永远站在时代前列的优秀的健美操指导员。

第二节　健美操指导员的课程安排

一、健美操课的设计

（一）课的类型与内容

1. 基础课型

（1）根据动作难度分类：初级课、中级课、高级课

①初级课。内容为基本动作和技术。初级课动作简单，重复较多，速度较慢，对身体协调性要求较低，并以低冲击力动作为主。适合初学者和所有健康水平良好的参与者。

②中级课。动作变化较多，音乐速度加快，高低冲击力混合。适合有一定的技术基础，身体协调性较好，身体健康的参与者。

③高级课。动作较复杂，变化较多，音乐速度也较快，以高低冲击力混合或高冲击力动作为主。适合技术水平较高，身体素质好的参与者。

（2）根据冲击力分类：低冲击力课、高低冲击力课、高冲击力课

①低冲击力课。以低冲击力动作为主，负荷强度较小。动作可以简单，也可以很复

杂。适合所有的人，尤其是初学者和有一定基础但健康水平欠佳或有关节病的学员。

②高低冲击力课。这是高低冲击力相结合的课，负荷强度中等。此类课型是目前实施最多的课型。适合有一定的锻炼基础和健康水平较高的学员。

③高冲击力课。以高冲击力动作为主，负荷强度较高。适合锻炼水平和健康水平均较高的学员。一般此类课型较少安排，尤其是高难度或复杂动作的高冲击力课，不仅要求学员具备较高的技术水平和身体协调性，而且要求很高的健康水平和运动能力。因此，从健身的角度来说适合的对象较少。另外，高冲击力动作容易造成下肢关节的损伤，选择此类课时应慎重考虑。

（3）根据心率曲线分类：单峰课、多峰课

①单峰课。在整个课的实施过程中，运动负荷可低可高，但强度基本一致，学员的心率曲线始终处于较平稳的状态（图6-1）。适合所有健康水平的学员。

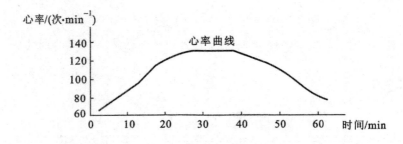

图6-1　单峰课心率曲线

②多峰课。或称间歇练习课，是在整个课的实施过程中，高强度的练习和低强度的积极性休息相结合。由于高低强度练习交替进行，使学员的心率曲线呈多峰状态（图6-2）。在积极性休息阶段一般结合肌肉力量练习或低冲击力的有氧操练习。适合具有中高健康水平的学员。

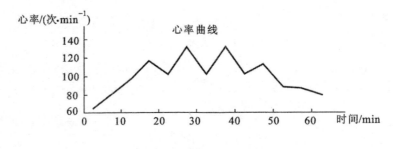

图6-2　多峰课心率曲线

2. 不同内容的课

（1）根据所使用的器械和设备分类：踏板操课、水中健美操课、哑铃课、杠铃课、健身球课、自行车课等。

（2）根据身体素质分类：徒手健美操课、轻器械操课、柔韧伸展课、大脑—身体协调课等。

（3）根据动作的风格分类：拳击操课、拉丁操课、瑜伽操课、街舞课等。

（4）根据特殊人群的不同需求分类：儿童课、孕妇课、母子课、老年人课等。

（5）根据不同的组织形式分类：循环练习课、间歇练习课、交叉练习课等。

（二）课的综合

1. 不同类型与动作难度的结合（表6-1）

表6-1　不同类型与动作难度的结合课

类型	课的名称	初级课	中级课	高级课
素质	徒手健美操课	初级徒手健美操课	中级徒手健美操课	高级徒手健美操课
	轻器械操课	初级轻器械操课	中级轻器械操课	高级轻器械操课
	柔韧伸展课	初级柔韧伸展课	中级柔韧伸展课	高级柔韧伸展课
器械	踏板操课	初级踏板操课	中级踏板操课	高级踏板操课
	水中健美操课	初级水中健美操课	中级水中健美操课	高级水中健美操课
	哑铃课	初级哑铃课	中级哑铃课	高级哑铃课
	杠铃课	初级杠铃课	中级杠铃课	高级杠铃课
冲击力	低冲击力课	初级低冲击力课	中级低冲击力课	高级低冲击力课
	高低冲击力课	初级高低冲击力课	中级高低冲击力课	高级高低冲击力课
	高冲击力课	初级高冲击力课	中级高冲击力课	高级高冲击力课
风格	拳击操课	初级拳击操课	中级拳击操课	高级拳击操课
	拉丁操课	初级拉丁操课	中级拉丁操课	高级拉丁操课
	瑜伽操课	初级瑜伽操课	中级瑜伽操课	高级瑜伽操课
	街舞课	初级街舞课	中级街舞课	高级街舞课
心率	单峰课	初级单峰课	中级单峰课	高级单峰课
	多峰课	初级多峰课	中级多峰课	高级多峰课

2. 不同身体素质的结合

有氧练习和力量练习相结合，如踏板操和哑铃操等。

3. 类型与心率的结合

如搏击单峰课、踏板多峰课等。

4. 不同难度不同类型的结合

如初级健美操和中级力量课等。

5. 花样课

在一次课中包括三种不同的练习形式并不断轮换。一般包括高低冲击力、低冲击力、间歇多峰、集体练习、踏板、循环练习、形体塑造、哑铃、轻器械操和柔韧练习等。课的特点是动作的编排一般较简单，包括两个有氧练习部分，适合所有健康水平的学员。例如，高低冲击力＋街舞＋轻器械操或瑜伽＋踏板操＋哑铃操或搏击操＋循环练习＋柔韧练习等。

二、不同级别的健身性健美操课的设计

1. 初级课的设计

（1）适应人群

初学者、身体较弱者、年龄偏大者。

（2）课的目的

①介绍健美操的基本动作，使学员了解基本动作的名称，掌握基本动作的技术要领。

②使学员了解健美操课的基本形式，熟悉动作间的连接方法。

③提高学员的健康水平和协调性，为进入中级课做好准备。

④培养学员的健身意识，形成健康的生活方式。

（3）编排原则

①以低冲击力的基本动作为主。

②一堂课最多 3 个组合，每个组合不能超过 4 个基本动作。

③可以没有上肢的动作，或者在课结束前 5～10 分钟加入一些简单、随意的上肢动作。

④可以没有动作方向的变化，或只加入 1～2 个 90°的方向变化。

⑤采用面朝前的前后、左右、V 字形的移动路线。

⑥音乐速度不能超过 145 拍/分。

（4）教学基本要求

①在教基本动作时，要反复给出每个动作的名称，使学员熟悉。

②做示范动作时，要求基本姿态和技术要领要正确。

③教动作要慢，每个动作都要反复练习多次。

④两个动作之间的连接节奏要慢，形成组合后要多练习。

⑤上肢动作要简单，不要有小动作。

⑥向学员讲授健康知识、健身常识，要求学员遵守健身房规章制度等。

2. 中级课的设计

（1）适应人群

具有一定健康水平和技术基础的参与者。

（2）课的目的

①继续初级课的学习过程，开始学习新的动作。

②介绍一些有创造性的动作，让学员在掌握基本动作和技术的基础上，感受一些个性化的动作风格，增加课的趣味性。

③课的强度提高到中等强度，更有效地改善学员的健康水平。

（3）编排原则

①高低冲击力动作结合，但高冲击力动作不宜过多，一般不超过 1×8 拍。

②创编一些新的动作或组合。

③一堂课有 4～6 个组合，每个组合不能超过 6 个基本动作。

④当基本步伐多时，上肢动作要简单，不要有方向的变化；当基本步伐少时，可以增加上肢动作难度。

⑤增加动作方向变化，可以加入转体的动作。

⑥移动路线多样化。

⑦变化动作的节奏来增加动作的难度和趣味性。

⑧音乐速度不能超过 150 拍/分。

（4）教学基本要求

①创新动作可以难一些，但要容易理解和学习。

②动作组合较复杂，要特别注意各种教学方法的灵活运用，使学员在练习的过程中容易学习。

③可以改变练习形式，不一定总是左右对称。

④继续对学员进行健身知识的教育。

⑤肯定学员的每一点进步，促进学员不断提高。

3. 高级课的设计

（1）适应人群

健康水平和技术水平较高，身体素质较好，希望接受挑战的参与者。

（2）课的目的

①设计更加复杂和强度更大的动作，使整堂课更具有挑战性。

②课的强度从中等强度提高到高强度。

③整堂课的练习形式要复杂、多样，使学员有成就感。

（3）编排原则

①设计出更有特点和创造性的动作组合。

②增加一堂课中的组合数量，可以把一堂课设计成一个大的组合。

③增加每个组合中的基本动作。

④加入更复杂的上肢动作。

⑤加入更多的方向和路线的变化。

⑥音乐速度不能超过 155 拍/分。

（4）教学基本要求

①高级课的教学比较容易，在教难的动作时注意分解教学。

②方向和路线变化多，动作复杂、变化快，要求提示要非常及时、准确。

③因为音乐速度的加快，要注意对速度的控制，避免受伤。

三、健美操课的构成

健美操课的基本结构一般包括 3 个部分：热身部分、中间练习部分、整理部分。在课的结构比例中，热身和整理部分都占课的 10%～20%。课的结构变化在于中间练习部分的变化，有以下 3 种形式：

1. 三段式：热身（10%～20%）

有氧操（60%～80%）

整理与伸展（10%～20%）

有氧操部分包括任何其他种类的练习，如拳击操、街舞等。

2. 四段式：热身（10%～20%）

有氧操（40%～50%）

轻器械操（30%～40%）

整理与伸展（10%～20%）

这是目前最常见的课的结构形式。有氧操部分可以是不同风格、不同形式的有氧练习，如踏板等。中间两段一般应包括一段有氧练习和一段力量练习。在有氧练习后和力量练习前应有一个简短的整理。

3. 五段式：热身（10%～20%）

有氧操（30%～40%）

轻器械操（20%～30%）

柔韧（瑜伽）（20%～30%）

整理与伸展（10%～20%）

中间 3 段一般应包括一段有氧操练习、一段力量练习和一段其他形式的练习。但上课时间较短，如只有 60 分钟，则应包括两段不同形式的有氧操练习，以保证一定的有氧锻炼时间和效果。

四、热身与整理

（一）热身部分

1. 热身练习的时间

热身练习是一堂健美操课的开始部分。热身练习是全面又特定的，它应占总锻炼时间的 10%～20%。一堂 60 分钟健美操课，热身练习至少需要 6～12 分钟或根据气候和季节变化适当地做一些调整，夏天可以把热身的时间做一些压缩，冬天则应延长。

2. 热身练习的目的

热身练习的目的是使身体较好地适应即将进行的健美操基本练习，以达到人们在生理和心理上的需要。锻炼之前，人体的机能能力和工作效率不可能在一开始就达到最高水平，而是在运动开始后的一段时间内逐渐提高的。

3. 热身练习的作用

一方面通过肌肉活动使肌体各器官的活动加强，另一方面为即将开始的健美操课练习做好准备。

（1）使体温升高：体温升高会带来一系列的有利于运动的体内指标的变化，如使神经传导速度加快、肌肉的黏滞性降低、酶活性提高、血流量增加、氧的扩散加快等。这些变化的总效果是肌肉的收缩速度加快、肌肉供氧增加、物质代谢和能量释放过程加强，有助于练习能力的提高，有助于防止肌肉和关节损伤。

（2）预先提高内脏器官的功能：热身练习可以克服植物性神经的功能惰性，提高内脏器官的功能，并较好地动员其他器官与之相适应，更快地投入锻炼中来，提高效率。

（3）提高神经系统的兴奋性：热身阶段进行的各种练习，能在大脑皮层留下相应痕迹，这一痕迹效应可更快提高中枢神经细胞的兴奋性，更快接通各中枢间的暂时联系，使神经系统对外周器官的调节更加完善。

（4）调节学员的心理状态：对运动前学员出现的兴奋性或淡漠性，可以通过热身做一些调节。兴奋性高的学员可以做兴奋低的动作，而淡漠性的学员可做兴奋性比较高的动作。每个学员都需要在心理上为锻炼做好准备，大部分的热身活动应是比较轻松的、有节奏和复合性的动作，能使全身关节和肌肉都得到活动。

4. 热身的内容

（1）低冲击力动作：选择一些低冲击力动作或组合可逐渐提高体温和神经系统的兴奋性。动作应简单，动作速度要由慢到快，还可选择一些和中间练习部分有一定联系的动作。为避免运动损伤，在热身阶段一般只采用低冲击力动作，在气温较低或某种特殊情况下可适当选用 1～2 个高冲击力动作，但要注意安全。

（2）特定部位的伸展：热身时做伸展练习的目的是增加肌肉和关节的灵活性，避免运动损伤，因此，应伸展即将参与运动的特定部位。在健美操课中，参与运动的特定部位，如小腿、股二头肌、腰部和踝关节等都是伸展的关键部位。可以通过动力伸展来达到目的。动力伸展是一种在整堂课中重复进行的、慢速的、有控制的节律运动。还可以用静态伸展动作加以补充。静态伸展动作是指一个动作保持 10～30 秒。这能使新学员把注意力集中在身体协调和正确的姿态上。伸展动作可以贯穿整个热身阶段或主要安排在热身结束的时候。在伸展动作之间可以穿插一些其他动作，使热身练习不单调，保持一种活力。

5. 热身过程中应特别考虑的因素

在热身阶段，为了能顺利地进行锻炼，还应考虑以下七点因素：

（1）重视开始阶段的准备工作：指导员介绍本课内容，提出课堂要求，检查学员服饰，确保没有危险。

（2）正确选择音乐：课前要试听音乐。热身阶段的音乐可以是轻柔的或是振奋人心的，但必须适合课的内容、学员的年龄和锻炼经历。

（3）正确选择节奏和速度：过快或过慢的音乐都会影响热身的效果，根据国内外资料显示，一般选用每分钟 120～138 拍的音乐。

（4）初始阶段不宜过多采用过头顶的手臂动作：血液送到高过心脏的部位会给循环系统增加压力，对身体机能不健全的学员来说，会迅速加快呼吸和心跳速度。同时过度或持续使用三角肌也是不科学的，因为锻炼过程中将主要使用这一部分肌肉，太早让这个部位感到疲劳是不利的，简单的手臂动作比复杂的动作更合适热身阶段。

（5）尽量利用站位做伸展动作：用坐或躺在地板上的动作，会降低心率而且耗时。做伸展动作要适度，可增加一些低冲击力动作，以保证适宜的心率水平。

（6）动作编排的难易程度要根据学员的水平来定，课前做好充分准备。

（7）多样性因素：热身阶段应采用多种不同的教学方法，如采用多种动作、组成不同队形等。指导员还可以转移位置进行教学，动作安排要动静结合。安排热身练习的强度和时间时，还应考虑年龄、锻炼水平、季节等特点。少年儿童的神经系统灵活性高，热身时间可短些；冬季寒冷，热身时间应长些。锻炼水平低的中小学生，练习前热身不要过多，应根据体力状况合理安排。

（二）整理部分

1. 整理练习的时间

整理练习是健美操课非常重要的一个组成部分。整理练习是一堂健美操课的最后一部分，是通过调节呼吸和轻松的身体练习平复身心的过程。为了更好地促进学员身体机能的恢复，在结束健美操锻炼前应做一些整理练习。整理练习应占整个上课时间的 10％～20％，可根据实际课的时间长短适当调整整理练习的时间。

2. 整理练习的目的

健美操课整理练习的目的是使身体由紧张激烈的活动逐步过渡到安静状态，促进身体恢复。

3. 整理练习的作用

有效的整理练习有助于防止受伤，进一步增强身体的灵活性。同时，整理练习也是加速代谢产物消除，加快体力恢复的重要手段。做整理练习时，运动负荷要小，动作要尽量缓和、放松，使身体逐步恢复到安静状态。

4. 整理练习的三个阶段

（1）调整阶段：调整是整理练习的重要组成部分。只有进行调整后，才能更好地进行伸展牵拉与放松。调整是指学员在结束主要练习后慢慢过渡到停止运动的身体练习。在这一阶段可以做一些与热身阶段类似的节律运动，如弹动、半蹲等，并可配合上肢的动作。进行健美操锻炼后立即停止运动，血液会集中在腿部和其他运动部位，回心血量明显降低，心排血量也随之减少，容易导致脑部供血不足，出现呕吐、眩晕现象。这样违背了健美操锻炼者练习的目的。

调整过程较简单，以较慢速度和较低强度继续进行练习是常用的方法。学员可以从练习的高冲击力动作或者跑跳步伐过渡到低冲击力动作或非腾空的移动步伐，如交叉步、V字步等，再做一些原地练习，如半蹲、移重心等，最后慢慢停止运动。这样有助于加速肌体代谢产物的消除。有试验证明：研究者让受试者运动至筋疲力尽后，再继续轻微运动一段时间；而另一次让受试者运动至筋疲力尽后，立即停止运动。结果发现，轻微运动的受试者乳酸的消除速度比静止休息者快一倍。调整练习还可以促进血液循环，进行健美操锻炼后立即停止运动，就会影响氧的补充，这将会影响身体的恢复。因此，调整阶段是整理练习的重要组成部分，能够加速疲劳的消除和促进肌体的恢复。

（2）伸展阶段：进行调整练习后，学员的心率已基本降至正常值，此时进行整理练习的第二阶段——伸展练习。伸展是指将处于休息状态的肌肉组织拉长。它可以减轻学员在健美操锻炼后乳酸堆积而造成的肌肉酸痛感觉和僵硬状态。乳酸是运动时需氧量大大超过摄氧量、肌肉进行无氧代谢过程中葡萄糖分解生成的。虽然健美操是有氧运动，但由于一开始学员身体机能水平较低，以无氧代谢为主，导致健美操锻炼结束后会有少部分乳酸堆积在体内。伸展可以加速乳酸消除，从而加速肌肉疲劳的消除。在伸展过程中，参与运动的主要是肌肉和结缔组织。健美操锻炼后进行有效的伸展练习有助于拉长肌肉和结缔组织，增强灵活性；缓解肌肉紧张，使其更加放松；防止外伤，促进血液循环，从而更好地促进恢复。

另外，学员进行健美操练习后，由于代谢产物的积累，可能引起部分肌纤维（肌纤维是构成肌肉的基本单位）收缩过度而又得不到完全放松，容易导致局部肌肉痉挛。因此，在整理练习中做一些局部和全身的肌肉伸展练习，有助于缓解肌纤维痉挛，改善肌肉血液循环，加速乳酸的消除。有效的伸展练习，可使肌纤维拉长、变细，这对于爱美的女性来说，更应引起重视。

不进行伸展练习，肌肉和结缔组织不能被拉长，因而将会失去灵活性，从而影响学员的运动能力。

整理部分的伸拉练习时间可长一些，可采取多种练习形式，如站位伸拉和垫上伸拉。可采取下面三种伸拉方法：

①静态伸拉。是指肌肉逐渐伸展到超过正常范围的某一点，然后保持一段时间，如感到不适，可适当地调整以缓解紧张。由于静态伸拉在伸展肌肉和结缔组织时非常有效且很安全，因此，静态伸拉是目前健美操锻炼中伸拉练习的最常用方法。

②动态伸拉。是指肌肉被拉到运动范围的极点而过度伸张。由于伸拉反射引起的收缩量和收缩率与伸展量和伸展率成正比，所以这种反弹性伸拉形式常常会使肌肉发生撕裂。目前，这种方法一般不被采用。

③PNF 伸拉。代表本体神经肌肉促进，是静态伸拉的一种进化。肌体在进行静态伸拉后，相对另一固定阻力进行强烈的等距收缩（6 秒钟），激活高尔基键，引发相反的伸展反射（肌肉放松），然后进行进一步的 PNF 伸拉。目前，PNF 伸拉是提高肌肉灵活性和柔韧性的最佳训练方法。

在做伸拉练习时，应保持轻松愉快的心情。伸拉的最佳点是有"抻"的感觉但不疼痛，应避免疼痛现象的产生以防止运动损伤。

（3）放松阶段：健美操锻炼后，可以更好地促进身体恢复。做放松练习时，应调节好自己的呼吸并配以平静、柔和、节奏感鲜明的音乐，使整个身心都处于一种放松状态。

总之，整理练习是健美操课的一个重要组成部分，对学员的身体健康、锻炼效果和运动后疲劳的恢复都有重要的影响。因此，不论上课时间的长短，都不能省略整理练习，且应该包括整理练习的三个阶段，即调整、伸拉和放松阶段。

五、健身健美操课的实施

（一）课前准备

1. 动作设计

课前应明确课的目标，通过授课使学员达到什么程度。然后根据课的类型、课的目标和学员的能力选择和编排动作。在学员能够接受的情况下，还应适当增加新的变化，并使学员有"容易"和"相对难一些"的选择。

编排完动作组合后，应反复练习直到动作熟练。必要时可先进行试讲，这样做不仅增加指导员的自信，而且保证了课的效果。

2. 教法选择

如何把设计的动作组合通过有效的教学方法教给学员，并在教学的过程中使学员达到锻炼身体和娱乐的目的是衡量一堂健身操课成功与否的重要因素。因此，教法的选择占据了非常重要的地位。在选择教法时，要注意学员的接受能力，针对不同水平的学员应选择不同的教法。总之，要使学员既能够接受又不感到枯燥，使看起来很复杂的动作组合学起来不感到困难，使学员在练习过程中不仅锻炼了身体，心理上也得到了满足。

3. 音乐

健美操课应选择节奏感强、速度合适的音乐，指导员应在课前熟悉音乐的旋律与节拍，做到在上课时心中有数。一般同一音乐可用几次课，但要避免长时间地使用，应及时更换新的音乐，或轮流使用几盘音乐。每次课都应携带备用带。

4. 撰写教案

每次课前撰写教案可使课前准备工作更加充分，上课更有信心。有时指导员可能同时教几种不同的课，因此，教案的撰写将给教学提供很大的方便。另外，长期在教案中记录动作组合也有利于进一步提高编操能力和不断提高课的质量。健身操课的教案是比较简单的（表6-2），也可以根据授课内容、授课目的等来撰写教案。

表6-2　健美操课教案内容

课的类型：	日期：	
健身中心：	时间：	
须用设备：	所用音乐：	
动作组合	教学方法	课堂组织

5. 场地器材的准备

课前应提前10分钟到场。首先，检查音响设备和场地状况是否正常，如有问题应及时解决；其次，准备好上课要用的器材，如哑铃、踏板、垫子等，并布置在不影响其他部分课的进行且便于取放的地方。

（二）课的组织

1. 介绍课程

在课正式开始前，应用几分钟的时间介绍一下本课的主要内容、特点和目的，使学员心中有数。如有新学员，应适当打个招呼，不要让新学员感到陌生和受到冷落。如果是第一次课，那么应首先进行自我介绍，让大家了解你，感到你是很容易亲近的，这样做对后面的课具有积极的作用。

2. 练习队形与示范位置

练习队形应根据参加练习的人数和场地的具体情况来确定。学员之间的间隔和距离要适宜，每人应有大约两米的空间，左右以学员两臂侧举不会相碰、前后可适当插空排列，这样不仅学员有足够的活动空间，而且能有效地观察到指导员的示范动作和面部表情，有利于相互间的沟通。在进行器械练习时，应根据器械的特点和大小适当增加练习队形的间隔距离。在取放器械时，指导员要进行一定的指导与组织，使练习有序的同时减少伤害事故的发生。

决定示范位置的第一要素是使全体学员都能看到，便于指挥和观察。目前，有些健身房有示范台，为指导员上课提供了良好的条件。在没有示范台的情况下，应通过调整队形使每一个学员都能观察到指导员，这是保证练习效果的一个至关重要的因素。

3. 练习形式

健身操课多采用集体练习的形式，因为有氧练习要求中低强度、长时间的运动。在课的进行过程中，要保持学员的心率稳定在最佳心率范围内。因此，集体练习就成为一种最有效并被广泛采用的健身操课练习形式。

集体练习又分为两种不同的练习形式，集体同时练习和集体分组练习。集体同时练习即所有的学员同时做同样的动作，其优点是比较简单、便于指导员的指挥，容易达到练习的强度和密度要求；其不足之处是形式比较单一，容易使学员感到枯燥，从而失去对练习的兴趣，需要指导员特别重视与学员的沟通和激励方法的运用。集体分组练习即把学员分成若干个组，同时或依次做不同的动作。这种练习包括目前在国外非常流行的循环练习，以及加入各种队形变化的练习方式。集体分组练习加强了学员之间的配合与联系，增加了练习的乐趣，同时把指导员的主要工作从单纯的领操中转移至课堂的组织，从而对指导员提出了更高的要求。

在一堂健身操课中，可结合运用集体同时练习和集体分组练习两种不同的组织形式。如在热身和整理练习时采用集体同时练习形式，在中间的主要练习阶段采用集体分组练习的形式。这样可使课的组织更加丰富多彩，提高学员的兴趣和锻炼的效果。

4. 观察与调整

虽然每一个指导员在课前都有一定的设想，甚至一些人已写了教案，但在课的进行过程中，仍然需要指导员随时观察学员的练习情况，并根据实际情况对动作的难度、教法等进行及时的调整。因为学员每天的身体状况和情绪都有一定的变化，也可能指导员原先的信息来源与事实有出入，设想不一定符合当时的实际情况，也许个别人有特殊情况需要特别照顾，总之应使课上所有的学员都感觉良好，没有人跟不上动作，也没有人感到枯燥，这样才能保证课的效果。因此，细心的观察和及时的调整对一堂成功的健身操课是非常必要的。

5. 激励

采用各种方法及时对学员进行激励是健美操指导员应具备的意识。激励在一堂课中应贯穿始终，包括对学员的每一点进步都及时进行表扬，使学员明确自己的进步，增强其锻炼的信心，并鼓励其向更高的目标努力。

（三）课后交流与总结

1. 交流与反馈

在课结束后，指导员不应马上离开场地，而应留有一定的时间与学员进行交流，及时了解他们对课的感受和想法。

2. 总结与改进

结合自己的感受和学员的反馈信息，指导员应对自己的上课情况进行及时的评估和总结，肯定优点并明确不足，找出存在的问题和解决办法，为下次课的改进提供依据，从而不断提高自己的能力和指导的质量。

第三节　健美操指导员管理

高素质、稳定的指导员队伍是健身俱乐部在现代激烈的市场竞争中求生存、谋发展的基本保证，因此，应重视与加强对健美操指导员的日常管理工作。

一、制定科学合理的指导员管理制度

科学合理的指导员管理规章制度是规范指导员的行为、保证其工作正常进行的必要手段及措施。在指导员的管理规章制度中，一般应包括以下四方面的内容：

1. 指导员的行为规范

健美操指导员作为健美操知识与技能的传授者，其一言一行都对学员产生直接的影响。所以，在管理规章制度中应明确要求指导员的语言、行为文明，讲究公德，有较高的修养等。

2. 指导员的职业道德

良好的职业道德是指导员应具备的基本素质。健美操指导员所面对的是来自社会各界的健美操爱好者，由于学员在身体条件、身体素质、动作姿态等方面都存在较大的差异，教学的难度较大。因此，指导员应工作认真负责，热情投入，从一个教育者的角度来关心和帮助每一个学员。

3. 指导员业务水平的提高

不断提高自身的业务水平和教学训练能力是俱乐部对每一位健美操指导员的基本要求之一。在这方面，应要求健美操指导员必须参加国家健美操指导员岗位培训班并取得资格证书。同时，在授课过程中不断探索适合广大学员的教学、训练方法和教学训练手段。

4. 维护俱乐部的利益

健身俱乐部在保证指导员利益的同时，应对指导员的权利和义务做出明确的规定，以维护俱乐部的合法利益。在这方面，要求指导员相互团结、共同进步，爱护俱乐部的设施设备，不得利用各种手段损害俱乐部的利益。

指导员应认真遵守俱乐部的各种规章制度，对于违反制度的情况，可视其情节的不同给予不同程度的处罚，情节十分严重的，俱乐部可解除合同。

二、指导员的考核与评价

指导员的考核与评价工作对于提高指导员的教学训练水平和能力、调动指导员工作的热情有着积极的促进作用。为了使指导员的考核与评价工作更加客观，一般可采用综合评价法，即运用专家评价和学员评价相结合的方法。

1. 专家评价

在进行专家评价时，应成立专家评价小组，专家组可由俱乐部中的资深指导员、业务管理者或外聘专家组成。通常，指导员的考核与评价可按年度或季度进行。

2. 学员评价

俱乐部的正式学员均可参加对指导员的评价，一般每2～3个月可进行一次学员评价工作。在进行学员评价时，由俱乐部主管部门制定出评价表格或评价问卷请学员填写。表格或问卷应简明、易懂，便于操作。

3. 评价内容

对指导员的评价，应做到内容具体、客观、全面。一般可包括以下五个方面：

（1）指导员教学的指导技能

①课堂组织、课堂控制、安全指导等。

②讲解、口令、语音质量、语言的运用、措辞。

③身体语言、技术纠正等。

（2）技术水平

①动作的规范性。

②动作姿态的优美性。

③动作的幅度。

④动作的节奏。

（3）课堂内容的安排

①运动负荷控制的合理性。

②动作的选择与安排。

③动作的多样性。

④动作结构的合理性。

（4）教学交流的技巧

①课前介绍、对全体学员的关注、对重点学员的关注。

②是否充满信心、沉着、灵活、表达能力。

③表扬与激励的运用、关切的态度。

④课后的交流。

（5）表现的技巧

①优雅、激情、逼真。

②力度、愉悦、对比。

对于专家及学员的评价结果，可根据评价的内容，具体制定出各项指标的评价分数及总分的等级标准。按照不同的等级来对指导员进行课程安排和课时酬金的发放，以促进指导员不断提高自身的业务水平、改进教学训练方法，更好地为广大健身健美操锻炼者服务。

第七章　健美操锻炼效果的检查与评定研究

健美操健身需要运用合适的方法进行训练，并且对健身之后的效果进行检查，有利于对运动之后的自身情况进行把握，还能够根据自身的实际情况，调整运动。

第一节　健美操锻炼效果检查与评定的意义及原则

在参加健美操运动时，首先需要对自己的健康状况进行评价，这将有助于设置合理的锻炼目标，也会使锻炼更加科学化和系统化。你可以以最初的健康状况作为基础值，并与以后的结果相比较，由此使你看到健美操运动所带来的益处，从而坚定自己参加健美操运动的决心。

29 岁以下的人参与健美操运动无须体检就可以进行，如果对自己身体的健康状况有疑问，在参与健美操运动前就应该先进行体检。30 岁以上的人参加健美操运动最好要进行体检，特别是对于肥胖者和脑力劳动者来说就更需要进行体检。

一、健美操的健身效果及检查与评定的意义

（一）健美操的健身效果

健美操的健身效果是多样化的，主要体现在以下几方面。

1. 能够有效锻炼肌肉、骨骼

骨骼与肌肉是人体的重要组成成分，人体的骨骼与肌肉分别有 206 块和 600 多块，健美操运动能够让身体的骨骼与肌肉之间相互配合。形体的练习能够使骨骼与肌肉舒展开，健美操运动配以形体的练习，能够加强肌肉的力量，使韧带富有弹性，促进肌肉柔韧性、协调性的形成；使骨骼变得更加坚硬，增强了骨骼抗折、抗压缩的能力，提高了身体关节的稳定性、灵活性。如果长期进行健美操健身的练习，促进骨骼的生长，有利于青少年身

体的发育。

2. 有效改善内脏器官的功能

健身效果不是一蹴而就的，短时期内的效果只能是暂时性的功效，应坚持不断地进行形体和健美操的练习，保证人体各个系统以及各大器官的健康，完善内脏器官。

经常并且能够坚持进行健美操的锻炼，有利于血液输出量的增加，供血能力加强，因此，循环系统能够保持肌体的稳定，并且能够向全身细胞输送更多的氧和养料。

常常进行健美操的锻炼，还有利于肺活量的增加，每个人都知道，肺活量意味着什么，经常锻炼，能够增大肺部的容积和吸氧量。除此之外，使呼吸变得更有力，促进了新陈代谢。

健美操运动还可以增加消化液的分泌，便于对食物的消化，促进人体对营养的吸收。

3. 有效提高心理素质

形体运动与健美操运动还能够提高心理素质。

（1）健美操运动是需要有音乐辅助的，它是一项有氧运动。明快的节奏、悠扬的旋律无疑会对大脑的中枢神经系统产生反应，使大脑皮层感到兴奋，增强了大脑中枢神经系统的活动能力。

（2）现代气息浓重、变化多样的动作，节奏鲜明，刚劲有力，使人精神振奋。人们伴着欢快的音乐跳着风格各异的健美操，能缓解心理紧张，忘记疲劳，消除烦恼，达到最佳心理状态。

（3）形体和健美操运动经常会结伴练习，在进行集体练习时，参与者相互交流、切磋。既增加了友谊，又提高了群体意识，增强了人们的社会适应能力。而高频率的变换动作、队形可以刺激人体存在的某些潜能，以精力充沛，使整个人保持积极向上。

4. 能够有效健美形体

形体美包括体形美、姿态美、动作美。决定体形的前提因素是遗传，如已经生长的身体比例，而环境（营养、劳动、运动等）则可以大大修饰体形。通过运动，腰、臀部脂肪减少，可以使人体苗条修长。健美操是有氧运动，能够分解人体的脂肪，使身体的整个肌肉变得结实，以此来改善形体。但是，健美操需要保持体形的优美，而体形和姿态是密不可分的。姿态指的是在坐、立、行时的身体形态。长期形体锻炼能形成正确的身体姿势，纠正不良姿态，使动作优美，体态矫健。动作美是形体美的一种表现形式，是从日常生活和体育活动的动作展现出来的。形体和健美操配合练习，对改善形体有重要的作用，使动作完成更加协调、灵敏，充分展示动作之美。

达到体形美、姿态美、动作美和精神美的和谐统一。使身心得到健康完美地发展，是人们追求的目标。

(二) 健美操健身效果检查与评定的意义

健美操效果的评定指的是：经常进行健美操的锻炼，会给人的身体和心理带来一定的影响，主要是对这个影响进行评比，包括以下几方面。

1. 对人体的形态、机能的改善。

2. 身体素质的提高。

3. 对技能的掌握。

4. 对环境的适应能力加强。

5. 健康水平得到提高。

健身效果的评定并不是随便说说，是需要付诸实践的，它是科学健身的重要内容之一，并且对健身有引导意义。当你每次进行健美操运动之后，需要根据自己的实际情况，将具体的数据记录下来，并对这些数据进行比较，看有什么特定的规律以及所出现的问题。从客观事实来说，对健身效果进行评定，是有重要意义的，能够让自己对身体有一定的了解，并且根据实际问题做出调整，制订一个适合自己的锻炼方法。

二、健美操健身效果检查与评定须遵循的原则

(一) 实用性原则

实用性是一个非常重要的概念，而对于健美操健身效果的检查和评定来说，实用性是一定要依照的原则。从具体的内容来分析，对于健美操的锻炼，选择的方法其实就存在一定的实用价值。因为健美操健身效果的检查与评定有很多的方法和标准，但是也并不意味着可以随意选取，还是需要根据自身的实际情况，制订合理的检查、评定方法。

(二) 可靠性原则

可靠性原则具体指的是健美操健身效果的检查与评定方法是否可靠，由此方法得出的结论是否可靠。可靠性原则可以说是健美操健身效果检查与评定的根本保障，只有可靠，才会安全，安全又是健身运动最大的宗旨。所以，要重视可靠性原则。这就需要在健身效果的检查过程中，仔细地分析数据，保证结论的可靠性，还要对运动员的体能状况、训练的内容和方式等环节进行检查，保证数据的可靠性。

(三) 简练性原则

简练性原则并不是指过程简练，在这里指的是评定报告的内容需要简练。如果得出的评定内容众多，烦琐，条例不清晰，这样就会影响对运动员的直观了解。所以，报告应该写得短小，简洁明了，逻辑清晰，让人一看，就能直观地发现主要的数据内容。

(四) 及时性原则

及时性原则指的是在评定报告的结果中，需要把内容及时地反馈出来。针对反馈出来

的结果，要把具体的信息告知学生和教师。只有这样，才可以根据具体的数据，制订合适的锻炼方法，还能够根据数据，为后面的健身计划提供一定的依据。

第二节　健美操锻炼效果检查与评定的内容

需要评定的人的健康指标不是随便选择的，要对参加健美操运动和正常人的健康指标进行比对，按照健美操锻炼的内容和形式，在充分考虑评价的科学性、全面性和可操作性的前提下，要重视发展身体的健康素质等各方面的内容，促进身体的系统和机能健康的发展。同时也使参加者在控制体重、健美塑身方面掌握科学的方法。

一、对健身效果进行检查与评定的常见指标和方法

（一）心率（或脉搏）

心率是人体心脏每分钟跳动的次数，这是衡量人体健康指标最重要的因素之一。正常情况来说，成年人的心率在 60～100 次/分，正常成年人的心率都会在这个范围内波动。可以用听诊器测量心率。当在进行健美操健身锻炼时，不可能随时随地携带测量仪器，这时候可以测量脉搏的跳动次数，这时的脉搏次数可以代表心率次数，脉搏的跳动次数直接可以用手放在颈动脉处测量。

心率是测量运动强度比较直观的指标，在经过一定强度的锻炼之后，可以直接测量心率，查看心率的波动情况，但是，对于健美操健身来说，并没有清楚地显露出效果，因为短时间内的健美操训练效果是通过心率看不出来的。因此，心率这一测定指标，运用在长期的锻炼中效果显著。如果心率能展现出身体良好的机能变化，也可以说明健身效果是比较棒的。

（二）血压

血压是血液对血管壁的压力。血压也是有一定的波动的，如果受到心动周期的影响，血压也会发生一定的变化。血压如果超出正常的范围，就有可能会出现低血压和高血压的情况，影响健康指标。动脉血压的最高值是收缩压，正常值一般为 100～130 毫米汞柱；最低值是舒张压，正常值一般为 60～80 毫米汞柱。

不同的运动，对血压的变化是不同的，健美操健身的训练，对血压的影响是比较大的。长时间进行健美操健身的训练，才会对血压的变化产生良好的影响。如果是使用血压这一评定指标去判断训练效果，需要注意血压变化的情况，否则得出的数据并不是很准确。不同的人对血压的测量，其方法也是不同的，例如，高血压患者，需要一直注意血压

的变化；如果是有一定训练基础的学生，可以在一定运动负荷之后测定血压。

（三）肌肉力量与肌肉耐力

1. 肌肉力量

肌肉力量是人体对抗阻力的一种能力。每个人的肌肉力量是不同的，它受到多种因素的影响，例如，人体肌肉群的不同、关节收缩速度的不同等，都会使人体的肌肉力量存在不同。不过，一般情况下，如果是对人体的某一块具体的肌肉来说，其肌肉力量是比较稳定的。肌肉力量可以作为健美操健身训练的评定指标，其效果是比较明显的。

肌肉力量并不是一成不变的，它是一个相对来说比较灵活的评定指标，可以用在健美操短时期健身训练的评定中。在健美操运动之后，你会发现肌肉力量明显地有所改变。肌肉力量的评定也是需要有一定注意事项的，短时间的健美操健身训练之后，身体可能有酸痛感，肌肉会感到疼痛，可能会导致评定效果存在其他因素的影响，所以，一般都会选择肌肉力量之后的一周后进行效果评定。

（1）一次重复最大力量测试（1RM）

很多人对肌肉力量的测试方法比较能接受，但这也只是适用于身体健康的人，对老年人和身体条件较弱的人来说，这种方法是不恰当的。如果突然对肌肉力量练习进行测试，可能会导致肌肉损伤，所以，锻炼者应该在测试之前，进行力量的练习，防止在测试的时候身体受到损害。年纪稍大一点儿的人，需要进行 6 周的力量练习，年轻人只要 2 周即可。

1RM 测试其实是对肌肉群力量的测试，测试方法主要指以下内容。

在测试之前，需要做5～10分钟的运动，这个运动应该是与肌肉群有关的。然后，选择轻而易举地举起重量进行练习，并开始慢慢地增加重量，直到举起一次。其实，真正的1RM 测试是测试举起的最大重量。

对于这个测试计算成绩的方法如下：1RM 重量除以体重再乘以 100，就是肌肉力量分数。

比如，如果说一个男子是 80kg，他的仰卧推举是 80kg，那他的肌肉力量分数是：肌肉力量分数＝1RM 重量/体重×100，即肌肉力量分数＝80÷68×100≈117.6。

（2）评价肌肉力量的方法

在测试完肌肉力量后，应对结果做出评价。如果目前肌肉力量处于一般水平以下，不要灰心，只要坚持有规律地锻炼，完全能够提高自己的肌肉力量。当最初的力量测试完成后，应制订短期和长期的目标，在坚持练习6～12周后，重新测试肌肉力量。当实现了短期目标后，自信心会增强，就能坚持力量练习，并最终实现长期目标。

2. 肌肉耐力

在平常的生活中，一个人或许可以把沉重的箱子搬到货车上，但是他的肌肉耐力不一定能够支撑他多次做这个动作。因为生活中可能有很多的工作需要肌肉的收缩，因此，需要提高肌肉的耐力。

测试肌肉耐力也是有很多方法的，最常见的有三种方法，即俯卧撑、仰卧起坐和仰卧起身，这是大家都经常运用的方式。俯卧撑主要是训练肩部、臂部的肌肉耐力，仰卧起坐和仰卧起身主要是训练腹部的肌肉耐力。

（1）俯卧撑测试

俯卧撑可能大家都知道，也都有尝试训练过，但是，姿势是否标准，这是很重要的。标准的俯卧撑的方法是：首先，身体要呈俯卧的姿势，并且需要用两只手撑地，两手保持一定的间距，这个间距应该是与肩同宽。两腿开始向后面伸直，用两脚的脚尖撑地。然后弯曲手臂使身体平直的下降，下降到与肘在同一个平面。当胸离水平面 $2.5\sim5\mathrm{cm}$ 的距离时，撑起然后保持原来的姿势，这就是一个俯卧撑，具体的测试步骤如下。

一人计数、计时一分钟。测试前，先做一些俯卧撑练习来热身，休息 $2\sim3$ 分钟后正式开始。

听到"开始"的口令后，开始做俯卧撑。计数者要高声地数俯卧撑的次数，并提示剩余时间（每隔 15 秒）。只有完成正确的动作，才能被计入总数，因此，要正确完成每一个俯卧撑动作。

（2）仰卧起坐测试

仰卧起坐是训练腹部力量最常用的方法，对仰卧起坐的测试也是对腹肌耐力测试最常用的评定方法。测试的时候，身体仰卧在垫子上，屈膝 $90°$，两只手分别放到脑后面，需要有人压住你的脚踝。起坐时，两肘超过膝盖则完成一次。仰卧的时候，两脚一定要放在垫子上。

腹肌的力量在仰卧起坐的过程中是起主要作用的，其实，腿部的髋关节也在这个运动中起到一定的作用，所以，仰卧起坐的测试，既测量了腹肌的力量，也测定了髋部肌肉的力量。一般认为，仰卧起坐是比较安全的体能测试，但测量时需要注意：第一，在起身的时候要腹部用力，不能用颈部使劲；其次，在仰卧下去的时候，要避免头部碰到地面；第三，禁止使用肘部撑垫或借臀部上挺和下落的力量起坐，到 1 分钟时，虽然坐起，但两肘还未触及或未超过两膝时，不计该次数。

仰卧起坐测试的步骤如下。

一个人计时计数，并压住受试者踝部，固定在地板上。

首先做几个仰卧起坐来热身，休息 $2\sim3$ 分钟后开始。听到"开始"口令后，即做仰卧起坐并坚持 60 秒。计数者高声计数并提示剩余时间（每隔 15 秒）。只有完成正确的动作才能被计入总数。

（3）仰卧起身测试

仰卧起坐测量的是腹部肌肉力量以及髋部肌肉力量，而仰卧起身是一个不完整的仰卧起坐，这个时候腿部的肌肉力量是不起作用的。仰卧起身与仰卧起坐看上去是相同的，但还是存在不同之处的。首先，仰卧起身在上升的时候，身体与垫子的角度应该在 $30°\sim40°$ 的范围之内，不能超过这个范围。第二，仰卧起身需要注意背部的用力，不要让背部的压力太大。所以，仰卧起身在国外越来越受欢迎，成为测定腹肌耐力常用的方法。

仰卧起身的测试方法主要是：仰面躺在垫子上，两腿弯曲成 $90°$，手臂伸直，需要在指尖处贴一个胶带，接近脚的地方再贴一条与指尖处平行的胶带，间距为 8cm。仰卧起身的过程就是指尖的胶带触碰到第二条胶带，再返回去。仰卧起身的测试步骤如下。

一人计数，受试者屈腿 $90°$ 躺在垫子上。

对于仰卧起身的测试其实是没有时间要求的，但也应该在一个比较慢的、每分钟 20 个动作的节奏下练习，这个节奏应该是有一定引导的。

听到"开始"的口令后，按照节奏完成仰卧起身的动作，请尽量达到 75 次的目标。

（四）呼吸频率与锻炼时间

1. 呼吸频率

呼吸频率指的是每分钟的呼吸次数，在健美操健身锻炼之后，可以通过呼吸频率的变化情况来观察肺通气功能的变化情况。通常情况下，人安静的时候，呼吸频率在 $16\sim20$ 次/分，但是在进行健美操锻炼之后，人体的呼吸频率明显上升。

在测定呼吸频率的时候，其实不应该告诉被测者，可以转移被测者的注意力，要不然可能会影响测定的结果，这是因为心律不齐带来的影响，如果直接告诉被测者是要测试呼吸频率，他们就会有意识地控制呼吸频率，使测试结果不准确。

2. 锻炼时间

锻炼时间并不是平常所说的运动锻炼所运用的时间，在这里指的是一次性锻炼过程中，从开始到身体疲劳而停止运动的时间。一般来说，疲劳的程度和停止运动的感觉是由锻炼者自身感受决定的。因为锻炼者的感受具有一定的主观性，所以，在测定锻炼时间这个指标时，要保证客观性。

健身锻炼时间对于健美操健身效果的评定来说，是一个灵活的指标。一般来说，在经过两周左右的健美操健身运动之后，可以把运动的时间延长。并且，在用锻炼时间这个指标时，也可以采取相同的锻炼时间记录不同的身体感受，这对健身效果的评定是一个不错的方法。

（五）灵敏性

灵敏性是指个体迅速变换体姿及准确转换方向的能力。这是评价运动所需的一种重要能力。健美操项目的灵敏性是一个很重要的素质之一，由于健美操是在相对复杂的情况下完成动作，如需要眼睛来观察教练的动作，进而能迅速地跟随进行练习，同时还要跟随音乐进行动作练习。

1. 立卧撑测验

立卧撑测验的时候，需要测试身体由站立的姿势，然后下蹲到俯撑的姿势，之后再恢复到站立的姿势这中间过程的反应速度。被测者首先是要站立的姿势，当听到"开始"的口令之后，需要非常快速地弯曲膝盖，然后弯腰下蹲，两只手在脚前方撑地，两腿向后伸直，整个身体呈卧撑的状态，然后再经过蹲，恢复到站立的姿势。这个过程一共进行 10 秒，看被测者完成动作的情况。

这 10 秒内完成正确动作的次数为成绩，这一系列的动作可以分成四个部分，每一个部分计 1 分。

第一部分：站立—下蹲手撑地。

第二部分：下蹲—俯撑。

第三部分：俯撑—下蹲。

第四部分：下蹲—站立。

在测试的过程中，如果俯撑时两腿弯曲需要扣除分数。

2. 柔韧性的测量与评价

柔韧性测试的是身体各关节的柔韧程度。人体的柔韧性越好，关节的灵活性越强。通常情况下，年龄越小，柔韧性越好；年龄越大，柔韧性越差。所以，不同的人对柔韧性的练习程度是不同的，加强柔韧性的练习，对不同年龄的人都是非常重要的。要保持良好的柔韧性须经常进行牵拉练习。

每个人对柔韧性的需要是不同的。健美操与柔韧素质的关系非常密切，柔韧素质是健美操动作舒展、灵活、优美的保证；健美操中的柔韧练习能够防止肌肉与关节发生病变；更是运动员为了完成复杂的动作和提高运动成绩所具备的重要素质。普通人对柔韧性的要求相对较低。但是身体的柔韧性差会影响人的身体健康。因此，应该加强对柔韧性的练习，并对它重视起来。

柔韧性的好坏其实与身体的某些关节是有联系的，意思就是人体的某一关节柔韧性很好，可能另外一个关节的柔韧性就比较差，这是一个正常的情况。因此，到现在为止，并没有一个明确的测试方法来说明人体的柔韧性，大多都是测量躯干和肩部的柔韧性。

（1）坐位体前屈

坐位体前屈主要测试的是躯干的柔韧性，通过躯干弯曲的能力来评价柔韧性，这个方法主要是牵拉背部的肌肉和大腿的后肌肉。

坐位体前屈的测试方法如下。

上体保持垂直坐着，两腿需要伸直，脚跟并拢，脚尖分开的距离为 10~15cm，之后用脚底面顶盒子。然后两只手并拢，两臂和手都要伸直，慢慢使上体往前屈，并且用两手指尖触碰到推动标尺上的游标向前移动，最大限度地向前推，直到不能继续前移，保持这个姿势 3 秒。测量 3 次，取最高的成绩。

需要注意的是，在测试之前，应该要做一些准备活动，防止肌肉太过僵硬，造成肌肉损伤，还需要注意不应在测试的时候快速运动。此外，还应有一个同伴帮助保持腿部伸直和记录得分。完成测试后，查阅相关表格，确定柔韧性的等级。

（2）肩部柔韧性测试

肩部柔韧性的测试主要是对肩关节的活动情况进行评价。测试的方法是：身体站直以后，举起右手，前臂放到身体后下方弯曲，并尽可能地向下伸展；与此同时，用左手去触碰右手，如果可以，使两手手指重叠，右手的测试完成以后，可以反过来进行左手的测试。通常来说，如果右手的柔韧性较好，那么左手的则较差；如果左手的柔韧性较好，那么右手的则较差。

两只手手指重叠的距离就是肩部柔韧性测试的成绩。重叠的距离可以取近似值。例如，如果重叠的距离是 1.9cm，那么成绩应该是 2.5cm；如果两只手不能重叠，那么成绩应该是 -2.5cm；如果两只手刚刚好能碰到，那么成绩应该是 0。

在测试肩关节的柔韧性时，需要做热身准备，以防止受伤，并且，在测试的时候手臂要慢慢地移动，不能快速地移动。测试完成以后，需要根据成绩确定肩关节的柔韧等级，并记下得分和等级。

即使一直在运动，身体的各方面机能也都良好，躯干和肩部的柔韧性也是有可能会差的。只有时不时地进行牵拉练习，柔韧性水平才会提高。所以，不论目前的柔韧性如何，都应该确立目标，并经常进行牵拉练习来提高自己的柔韧性。

（六）有氧锻炼能力

有氧锻炼能力是与健美操关系最为密切的一个指标，是进行耐力运动的基础。对有氧锻炼能力的测量最准确的方法是对身体最大摄氧量的评价，因为如果直接测量最大摄氧量，是需要借助器材的，价格昂贵，并且浪费时间。所以，研究人员设计了许多简便易行的实地测试方法测量最大摄氧量。下面仅介绍两种测试方法。

1. 12 分钟跑测试

测量有氧锻炼能力比较简单的方法是 12 分钟跑测试。经过分析表明，有氧锻炼能力高的人在 12 分钟跑的过程中，所跑的距离更长。

12 分钟跑的测试方法是要在 400 米的跑道上进行。如果可以的话，也可以在带有里程的跑步机上进行。在测试之前，需要进行准备活动，跑步的过程中，尽最大可能去快速跑，如果感觉呼吸不顺畅，应该减慢跑步的速度。

从健美操健身的评定来说，12 分钟跑的测试是比较恰当的方法。但是，因为跑步的过程中，运动强度还是比较大的，所以对于体质较差者、30 岁以上的脑力劳动者和肥胖者来说是不适用的。

12 分钟跑的测试需要避开非常寒冷或者非常炎热的天气，对体能状况较好的人来说，他可以快跑也可以慢跑 12 分钟；对于体能状况较差的人来说，这种测试就成了慢跑或走的测试。

解释测试结果很简单，可以参阅 12 分钟跑测试结果的参考性的标准，根据性别、年龄和完成时间，判断有氧锻炼能力的等级。

2. 哈佛台阶测试

另一种评价有氧锻炼能力的方法称台阶测试，是以测量肌体对肌肉工作的恢复能力为目的。经过研究证明，有氧锻炼能力强的人在运动后 3 分钟恢复期内心跳的频率是很低的。哈佛台阶测试并不是测量有氧锻炼能力比较合适的方法，但是它有自己独特的优势，那就是可以在室内有台阶的地方进行，并且每个人来说都是比较合适的，不管你的身体状况如何，还不需要花费昂贵的设施费用。

男女之间测试的台阶高度是不同的，男台阶的高度应该是 30cm，女台阶的高度应该是 25cm，因为男女的身高是不同的，也可以根据自己的身高，适当地调整台阶的高度。测试步骤如下。

在台阶测试的时候，需要找一个同伴帮助你维持踏板的节奏。这个节奏是每分钟 30 次，一共进行 3 分钟，还可以让你的同伴给你提示，所以，需要 2 秒钟上下各踏一次。在测试的时候不能使用一条腿踏，需要左右腿交换做，并且每次的测试都不能屈膝。

测试之后，采取坐姿，并且测量运动之后的 1 分钟至 1 分钟 30 秒、2 分钟至 2 分钟 30 秒、3 分钟至 3 分 30 秒等 3 个恢复期的心率。

这个时候，同伴就需要帮助你计时，并且帮你记录运动之后的心跳次数。如果想要使测试保持准确性，在踏台阶的时候应该保持每分钟 30 次，并且必须踏完。这样的心跳频率测量才是有效的。身体效率评定指数的计算公式如下：

$$身体效率评定指数 = \frac{登台阶运动持续时间（s）}{2 \times （恢复期 3 次心率之和）} \times 100$$

当完成了有氧锻炼能力测试后，需要对自己的结果予以分析，并根据结果制定一个目标，以期望提高有氧锻炼能力。与其他的同龄人之间比较，如果有氧锻炼能力被列在"3 分"或"3 分"等级中，说明目前的有氧锻炼能力是比平均水平低的；如果有氧锻炼能力在"4 分"的等级，说明有氧锻炼能力比同年龄段的人高；如果有氧锻炼能力在"5 分"的等级，说明有氧锻炼能力是位于同年龄组前 15% 的人；这样，就可以有选择地进行不同强度的健美操锻炼，在健身房中参加符合自己情况的课程或者是内容进行锻炼。然而，不管目前有氧锻炼的状况如何，都应该坚持锻炼，提高身体素质。

（七）身体成分

身体成分是指组成身体的所有成分，从解剖学观点看，任何身体成分比例的严重偏离都会对身体有害。现已证实，肥胖者常患高血压、冠心病、糖尿病、呼吸困难等疾病，且易担外科风险。至今，控制体重主要在成年人中进行，针对那些渐渐积累起来的所谓"慢性肥胖"者，在一年内增加一两斤似乎无关紧要，如果持续20年的积累就远非小事了。遗憾的是，减肥者竟想在一夜之间把积累的体重一下去掉，那是不可能的。

研究与实践表明，健美操运动有助于控制体重和减肥。由于肥胖的主要原因是缺乏运动（甚于过食），追踪研究表明，多数肥胖者，其超重的起始期是停止系统活动时。健美操运动是可以减肥的，当然，节食是可以减肥的，但是会导致身体的脂肪和肌肉也一并消失。肌肉的能量消耗是比脂肪多的，所以，通过运动来增加肌肉的力量，防止脂肪的堆积。肌肉少而脂肪多的人，唯有多运动才能避免过重。

肥胖的原因是复杂的。卫生、医学和运动生理各界，对运动与肥胖的关系做了大量的消除谬误的工作，从肥胖的严重性来说，以及运动对肥胖的作用来看，很多人已经把控制肥胖当作身体素质的一部分。

1. 腰围—臀围比例测试

对于腰围—臀围的测试原理是：身体内如果有太多的腹部脂肪，将会导致疾病的发生，例如，心脏病和高血压等。所以，腹部脂肪较多的人，他们的腰围—臀围是比较大的，并且他们疾病的发生概率更高。测量的步骤如下。

首先，需要找一个没有弹性的卷尺。然后直直地站立，不能穿特别宽大的衣服，不然会影响测量结果。测量的时候，卷尺应该是紧贴在皮肤上的，测量的数值需要精确到毫米。

在测量腰围的时候，卷尺可以放在肚脐水平处，当你呼气的时候，结束测量。

在测量臀围的时候，应该把卷尺放在臀部的最大周长处。

当测量完成以后，用腰围除以臀围，就可以得出腰围—臀围的比例。

2. 体块指数（Body mass index，BMI）测试

BMI测试并不是对身体成分的一种直接测量方法，而是一种辅助性的测量方法。体块指数是对个人身体成分的一种反映，具体的计算公式如下。

$$BMI＝体重／（kg）／身高的平方（m^2）$$

当BMI计算出来以后，需要评定体脂的程度，具体的评定原理是：低百分比体脂者的BMI也是低的。按照这个原理，男性的BMI小于25，女性的BMI小于27，才是不肥胖，相对来说，如果男性和女性的BMI超过40，则被认为是极度肥胖；如果小于或等于20，则是体重过轻；BMI在20.1～25之间是标准体重；25.3～30则是过重。

3. 脂肪百分比及体重

最好是用卡钳测量法（用测径器测量）。皮肤褶卡钳是为了迅速准确地测量人体右边四个部位的皮肤褶厚度。然后，用这些数据计算身体脂肪的百分比。万一卡钳测量不可

靠，也可换一种方法测量体脂，把测量数据记下来。

以皮褶总和作为体脂的一种指标，它无须任何转换就能用皮褶量度的总和作为体脂的指标。将四个皮肤褶测量的总数，根据不同性别、年龄等得出相应的体脂百分比，然后可得出体脂百分比的得分。

（八）心理健康状况

人是既有各种器官组织的生物人，也是拥有丰富情感的人，同时又是一个社会人，扮演着各种角色。作为生物人个体客观上对自己的身体进行评价。由于体育锻炼可使体格强健，精力充沛，因而有助于人对身体表象的认识。经过研究证明，54％的人对自己的体重不满意。身体自尊包括的内容也是较多的，如一个人对运动能力的评价，对自己外貌的评价，以及对身体健康状况的评价。有研究显示，肌肉的力量和身体自尊、情绪的稳定性成正比。另外，加强力量锻炼可以增强人的自我概念。

自我概念对思想和情态等评价形成了独特的个性特征，这些个性特征就会形成不同的情绪。人在这个繁杂的社会中，都会有一些紧张、压抑、烦闷、不安等情绪产生，通过体育锻炼可以消除这种负面情绪，从运动中转移注意力，使人的心情变得愉快，把人从负面情绪中解放出来。情绪状态是衡量体育锻炼对心理健康影响的最主要的指标。

开展社会交际，被多数体育工作者视为体育的主要任务之一，遗憾的是，诸如性格、运动精神、适应性、领导才干和行为等方面的社交概念，是很难准确地加以客观度量的。然而，尽管发展这一领域的科学测量还处在相对早期阶段，但是评价技术终将会更完善起来。指出这一点，应该说是合乎时宜的。社交测量有助于社交行为的评价，可以判断个体在集体中的状况及其被认可的程度。

二、安静状态下的生理评定

（一）安静状态的类别

1. 一般安静状态

所谓的一般安静状态指的是人体处于相对不运动的状态，这是一种常用来评定运动效果的机能状态。为了保证健美操健身效果评定的准确性，需要对一些相关的生理指标进行测定。为了保证这些生理指标能够最接近安静状态的指数，在指标测定前要保持情绪的平稳。不要进行运动，同时要排除疾病因素的影响。此外，应该在健美操锻炼之前进行测定，这主要是为了避免体育锻炼后恢复的状态会对测定结果造成影响。

2. 清晨安静状态

所谓的清晨安静状态指的是人体在早晨清醒后、起床前、空腹的安静状态。由于这种状态与人体的基础状态的相似性比较大，因此是测定健美操健身效果的最佳时期。这主要是因为，在这种状态下，身体的所有生理指标基本上都不受外界因素的影响，因此，更能真实而客观地反映出人体生理机能受健美操健身锻炼的影响情况。

（二）安静状态下的评定生理指标

1. 心率

如果一个人长期进行健美操健身运动，在身体处于安静状态时心率会下降，这就说明这个人具有很好的身体机能。出现心率下降的主要原因是通过健美操健身锻炼，心脏的收缩力量和收缩能力得到加强，从而在安静的状态下，心脏因每次收缩而射出的血量也自然而然地增加。与此同时，如果此时心排血量也没有明显的变化的话，那就说明心脏每分钟收缩的次数一定在减少。通过上述分析，我们可以得到这样一个结论：心率的这种变化对于心脏的工作是十分有利的。根据研究发现，如果一个运动员长期进行耐力训练，其在安静状态时的心率为 50～60 次/分，甚至有的能达到 30 次/分。

与身体处于锻炼状态相比，在安静状态下时，心率会出现明显的下降，心脏的伸缩功能在锻炼中也得到加强。但是并不是所有进行健美操健身运动的人的健身效果都可以用心率来评定的，它只适用于以有氧运动为主的人群，对于那些进行力量和速度锻炼的人群来说并不适用。

2. 血压

血压也是评定健美操健身效果的一项重要生理指标，但是由于人的血压存在一定的差异，而这种差异也会影响评定结果的准确性，因此，对于这一问题需要引起注意。如果在进行完健美操健身锻炼之后，在安静状态下，收缩压和舒张压都有所下降，这就说明身体的生理机能有良好的反应。血压的下降，有力地证明了健美操健身锻炼在一定程度上提高了血管弹性，并增强了血管对血压变化的缓冲能力。此外，通过健美操健身锻炼，血压较低的人们的血压会出现明显的增加，心脏的收缩能力也会得到增强。通过上述的分析，我们知道健美操健身锻炼对于调节血压是有利的。

3. 肌肉体积

在评定健美操健身效果的四项指标中，肌肉体积可以说是最主要的指标。如果一个人在经过一段时间的健美操锻炼后，他的肌肉体积增加明显，那么这就说明健美操健身锻炼对于肌肉的生长发育有很大的帮助。一般来说臂围和腿围是判断肌肉体积是否发生变化的两个主要指标。不过这里需要注意一点，通过体育锻炼后，人的皮下脂肪会减少，因此，会造成肌肉体积增加不明显的情况出现。因此，在用肌肉评定健美操健身效果时，应该综合考虑体重、臂围，以及肌肉力量等各项指标的变化，只有这样才能取得一个比较准确的评定结果。

4. 肺活量

一般来说，评定肺通气功能变化的最理想的一项指标就是肺活量。如果一个人在进行完健美操健身锻炼之后，肺活量有明显增加的迹象，这就说明肺通气功能能够很好地适应身体的变化，并且朝着有利的方向变化。此外，胸围差也是评定呼吸功能的变化的一项重要依据。如果一个人的胸围差很大，说明这个人的呼吸功能有很大的潜力，也就说明了体育锻炼取得了很好的效果。

三、定量负荷时的生理评定

（一）常用的定量负荷形式

健美操健身的效果可以通过施加一定的活动强度不大的定量负荷的形式进行检测，以下是两种评定方式。

1. 起蹲评定法（30秒20次）

此种方法在健美操健身效果评定中是最常用的定量负荷形式。具体方法是：锻炼者首先立正站好，做好预备动作；听从口令，起蹲的频率为1.5秒/次，下蹲时膝关节要达到90°，重复20次。结束以后立即测定锻炼者的脉搏、血压和呼吸频率等，并将测定的结果作为依据来评定锻炼者的身体机能。此外，还要对身体恢复时间进行记录，以测试结束后5分钟内的测定结果作为评定标准。

2. 以受试者常用锻炼方式进行评定

在采用这种方式对健身效果进行评定时，一定要选择合适的运动负荷，即自身最大能力的60%为最佳，并且要保持在不同运动时期内的相同运动强度。例如，以长跑者在规定时间内跑完3000米后的身体机能作为评价基准，或者是健美爱好者以做完一套健美操为标准进行身体的技能测定。

（二）定量负荷时的评定生理指标

心率、血压、肺通气量、恢复时间是在定量负荷中，健美操健身效果评定的四个重要指标。

1. 心率

从完成定量负荷的测试结果来看，不参加健美操身体锻炼的人要比长期健美操锻炼的人的心率跳动幅度增加得大，其原因主要有两个方面：一是得益于经常进行健美操健身锻炼，身体机能对于定量负荷的反应较小，使心率变化幅度不大；二是对于适应肌肉工作的方式不同，参加锻炼的人是依靠每搏的输出量，而不参加锻炼的人是依靠增加心率，由于心率与心排血量之间存在一定的反比关系，所以在定量负荷运动后经常锻炼的人会出现心率下降的结果，这也从侧面说明了其心脏功能的增强。

2. 血压

在参加完定量性运动后，参与者的血压会发生不同的变化，相对来说健身成果的最好表现是：收缩压增高，也就是心脏的收缩力增加，舒张压下降，也就是指心脏所受到的外围阻力减少，脉压差增大，也就是由心脏流向外周组织的血增加。此外，心血管机能提高的另一表现是：收缩压和舒张压上升，脉压差也升高。如果出现脉压差下降的情况，则表明身体各方面的机能不够好。

3. 肺通气量

经常参加健美操健身锻炼的人在进行等同的运动负荷时，肺通气量一般仍是保持在比较稳定的（不变或下降）状态，这说明通过健身锻炼，身体机能得到了提升。也可以称作是身体机能节省化。详细说来就是对于等同程度的工作，参加锻炼者花费的身体机能要比未参加锻炼者的少。另外，身体机能的提高能够增加呼吸的深度和呼吸频率。

4. 恢复时间

人体生理机能提升的另一个表现是在参加定量运动负荷后，身体上各项生理指标的恢复速度明显加快。对此，也可以通过心率、血压等指标进行评定。经过一段时间的健美操健身锻炼后，如果身体的各项生理指标恢复所花费的时间逐渐缩短的话，就说明健美操健身锻炼对于人身体机能的提高是有作用的。

第三节　健美操运动的自我监督体系

在健美操运动中进行自我监督是自我观察身体健康和身体机能的一种方式，它对于预防运动损伤，增强体质，保证锻炼者的健康状况、锻炼效果具有十分重要的意义。此外，它也可以用于自我对于运动负荷大小的评定。

自我感觉、自我检测与评价是自我监督的两大主要内容。

一、自我感觉

自我感觉是指人自身主观性的感觉，包括以下五个方面的内容。

（一）一般感觉

通常情况下，一般感觉有两种类别，称为不良感觉与良好感觉。精神状态比较饱满、训练兴致高涨，并且能够在较短时间内由运动后的疲惫状态恢复至正常状态的即为良好感觉；而如果出现对待训练拖拖拉拉、消极、十分被动或者身体不适的现象，就是不良感觉。经验指明，如果自身体质不适合体育运动或者运动前没有进行热身或者热身不彻底，再或者运动时间跨度较大，都会出现不同程度的不良感觉，此时则应该适当减少运动量或者直接不再进行相关体育训练，如果状况未得到好转，则应该迅速就医。

（二）睡眠

一个人的睡眠状况相当于一面镜子，可以"照出"运动者的身体状况。一般情况下，没有入睡障碍、不经常做梦，并且起床后也无任何身体不适，则证明当前的运动量是比较适合运动者的，继续采用效果会更好；但如果身体疲惫、经常犯困，并且起床后状态不佳，则说明当前的运动量并不适合该运动者，且绝大程度上是超过运动者的承受范围的，应当合理减少部分运动量，从而帮助身体更好更快地恢复。

（三）练习心情

进行训练时运动者的心理状况即为练习心情的写照。运动兴致高涨、十分积极主动地参与相关项目的训练，说明当前运动量比较适宜运动者，能够坚持此种程度的训练；但如果兴致不高、消极甚至反感进行训练，则说明当前的运动量已经超过了运动者的生理可负载程度，有可能是时间跨度太大，也有可能是没有掌握正确的方式方法，无论是何原因，出现类似情况时，都应该适当地减少运动量或者直接休息，从而帮助运动者更快更好地恢复状态。

（四）食欲

一般运动者健身训练完成之后，食欲都会不同程度地增加，这是因为体育锻炼会消耗人体大部分的能量，是正常状况。只是应当指明的是，运动过后不要立即补充能量，否则会出现不同程度的疼痛感或疾病，一般应在运动过后 30 分钟才能补充食物，但可以摄取适宜的水分。食欲的大小变化也是提示运动者当前运动量是否适宜的信号。食欲比之前增大，说明运动量刚好；食欲未发生任何改变，则很大程度上证明当前的运动量偏少；食欲减少，则应该适当删减运动量，不能操之过急，而应一步一个脚印地稳定前行。

（五）排汗量

身体的新陈代谢客观反映运动者的身体状况，从而反映出当前运动量的安排是否合理，此处介绍排汗量的多少对体育运动训练的影响与反馈。人体的排汗功能是神经系统与肾的协同作用产生的，除此之外，排汗量的多少也与天气、运动量、穿衣、摄入水分的多少等有关，不考虑肾虚的状况，如果正常情况下，还出现训练时排汗量比较大，并且入睡后出汗异常，醒后就停止出汗的情况，就说明如果不是身体方面的不适就是当前的运动量已经远远超出了运动者的可承受范围，应当减少部分运动量，并注意合理的休息，从而更快地恢复身体的良好状态。

二、自我监测与自我评价

顾名思义，自己给自己进行相关方面的检测与监督就是自我监测，一般采用一些较易掌握并且方便的方法进行。

（一）脉搏

一个人的动脉搏动即脉搏受很多因素的影响，运动训练即为其中之一。实践证明，运动员或者常常进行体育锻炼的人的脉搏在安静状态下比普通人的要慢；而断断续续地进行体育训练的人的脉搏则快一些。训练水平的变化会通过脉搏跳动的快慢有效反映出来。

通常情况下，自我监测时测量脉搏的时间都是在早上处于安静状态的仰卧姿势下进行的，因为此时的脉搏可以比较确切地反映身体状况。如果脉搏变慢或者没有变化，证明身体状态较好；如果变快，并且一秒增加5次以上，则证明当前的身体状况出现了问题，需要采取一定的措施。与此同时，心率也是通过此时的脉搏计算得出的，通常情况下连续测量两次六分之一分钟的脉搏，且应该数值一样，若不同，则须重新测量，经过计算算出60秒的心率。除了早上的这段时间，运动的开始、过程中与结束后的脉搏也是能够准确反映自身身体机能的状态的。可以在进行运动之前测量六分之一分钟的脉搏，随后在运动结束后再次测量六分之一分钟的脉搏，通过计算算出60秒内的心率，然后参照相应指标检测自己是否是在身体机能良好的范围内。

（二）体重

对于体重的自我监测，通常情况下不必太频繁，一周一两次即可，需要注意的是测量的时间最好选择一天的清晨，并且保证不要进食与饮水，已经排出宿便。如果发现体重值依次减小，则说明身体出现了不良反应，可能是训练运动量过大导致的，也可能是身体出现了某种疾病，应引起重视并有效解决。

在比较有规律且科学的训练健身健美操之后，身体的体重会表现出不同的变化，具体能够以三个阶段进行概括性说明。

1. 阶段1

运动者进行体育锻炼后消耗了大量的体内的水分与储藏的皮下脂肪，所以体重会减轻，此阶段出现20～30天左右，或者时间稍长，体重减轻量为4～6斤。

2. 阶段2

经过一段时间的锻炼，之前消失的体重会恢复至原有水平，然后保持35～42天左右时间的稳定状态。

3. 阶段3

经过长时间的锻炼，运动者逐渐练出完美的体形与肌肉，所以，此阶段的体重较原有水平是增加的并且能够稳定在一个范围之内。

三、健美操自我监督体系的有效方法和相关注意事项

（一）建立健美操自我监督体系的有效方法

健美操锻炼的自我监督体系主要是根据参加者的具体情况，将相关的数据，如填表时间、体重、练习心情、一般感觉、睡眠、食欲、排汗量、心率、呼吸频率、血压、体温、肺活量等以表格的形式列出来，如表7-2所示。

表 7 - 2　自我监督记录表

年级：　　　　　班级：　　　　　姓名：　　　　　年龄：　　　　　性别：

项目	内容	自我评定	日期																				
自我感觉	一般感受	良好																						
		平常																						
		不好																						
	练习心情	很想																						
		愿意																						
		不想																						
		厌倦																						
	睡眠	良好																						
		一般																						
		入睡慢																						
		易醒																						
		多梦																						
		失眠																						
	食欲	良好																						
		平常																						
		减退																						
		厌食																						
	排汗量	减少																						
		增多																						
		盗汗																						
	心率（次/分）	清晨卧位																						
		练习前																						
		练习后																						
	体重（千克）	晨起																						
		练习前																						
		练习后																						

（二）建立健美操自我监督体系的注意事项

1. 讲究科学

按照健美操锻炼的原则和方法，安排符合自己身体要求或能承受的运动负荷；讲究卫生，在参加健美操运动前进行比较系统科学的查体，检查的重心是心血管系统的相应功能是否正常，心脏疾病、高血压等疾病者不宜参加健美操锻炼。

2. 经常对比

每次锻炼后应坚持填写自我监督表，检查自己的锻炼效果，并与以前结果相比较，以及时调整运动量。

3. 合理安排膳食

在进行健美操锻炼的过程中，应根据排汗量的多少适时适量摄取功能饮料，从而保证身体的水分、无机盐等物质的平衡。适当适量的饮食对运动后的有效恢复十分有益，时间应在训练停止后的半小时之后。

参考文献

[1]樊华利,黄欣.竞技健美操运动的发展思考[J].经济师,2022(09):239—240.

[2]杨博.竞技健美操运动中力量训练的重要作用及训练方法探究[J].当代体育科技,2022, 12(07):38—41.

[3]周彦宏.普通高校大学生健美操综合运动能力结构探索[J].食品研究与开发,2021,42 (15):241.

[4]王芳芳.音乐在高校健美操教学中的运用[J].科教导刊(上旬刊),2019(19):119—120.

[5]郝志春.音乐在健美操运动中的影响研究[J].科技创新导报,2015,12(20):23.

[6]蔡青松.音乐在健美操教学中的作用[J].东南传播,2006(10):86—87.

[7]崔友琼,伍鸿鹰,段小洪,曾青芝.不同负荷健美操运动锻炼效果综合评定研究[J].吉林 体育学院学报,2012,28(01):85—87+145.

[8]刘建涛,李崇生,郑壮荣.健身健美操锻炼效果评价[J].科技信息(学术研究),2007 (04):181.

[9]李秀娟,石生.跑跳健美操对女大学生身体锻炼效果的影响[J].体育成人教育学刊,2003 (01):95—96.

[10]黄群玲.体育专业健美操课程的培养目标[J].哈尔滨体育学院学报,2004(02):22—23.

[11]孟莉.健美操社会体育指导员能力重要性分析[J].运动,2016(12):153—154+98.

[12]陈贵芳.强化健美操专修学生实践能力适应社会需求的途径与手段[J].黔西南民族师 范高等专科学校学报,2010(01):86—88.

[13]马灵犀.高校健美操训练模式的构建[J].闽南师范大学学报(自然科学版),2021,34 (04):104—110.

[14]张建梅.浅谈高校体育健美操体能训练方法[J].江西电力职业技术学院学报,2020,33 (10):63—64.

[15]刘智丽.对我国健美操理论研究现状与发展趋势的分析[J].四川体育科学,2005(02): 69—71.

[16]刘敏.现代健美操运动[M].北京:北京体育大学出版社:山西大学建校110周年学术文 库,2012.

[17]张桂青.大学生体育文化与技能实践[M].北京:人民邮电出版社,2017.

[18]曹琪.互联网背景下"教与学"健美操教学融合创新研究[J].体育科技,2022,43

（02）：89—91.

[19]张英杰.青少年健美操教学的优化改革研究[J].青少年体育，2022（09）：127—128.

[20]董梓祎.关于高校健美操教学的考核设计研究[J].体育世界（学术版），2018（12）：127+137.

[21]杨祥生.普通高校健美操教学内容与教学方法改革问题分析[J].中外企业家，2016（30）：190+198.